有斐閣ストゥディア

法と経済学

LAW AND ECONOMICS

著・得津　晶
　　西内康人

はしがき

　わたし（西内）が，コロナ下において法と経済学の教科書を書かないかという話をいただいたのは，2020 年のことである。わたしにとってこの仕事を引き受けるべきと考えた理由はいくつかあるが，本書の特徴と関係する 2 つの点を挙げておこう。

　第 1 に，法と経済学で私法の大まかな見取り図を示すことは，ライフワークの一方向を（一部とはいえ）完成させるという意味がわたしにとってあるからである。この背景として，研究者になって以来，契約責任と不法行為責任は，広い意味で言えば帰責性を発生根拠とする点で共通するところ，不法行為責任に対して契約責任の独自性はどのようなものか，この説明がわたしの関心事項となってきた（法律時報 2024 年 7 月号特集で執筆した「企画趣旨」も参照）。京都大学法学部という知的環境はこうした問題関心に対して，自己決定という一定の解を与えてくれた。しかし，目的論的解釈で契約に独自の効果を与える上で重要となるメタな問い，たとえば，自己決定はなぜ保護され，また，そこから責任を発生させるのかというメタな問いに対しては，法学内部の議論では十分な解を見出せなかった。そして，ドイツ団体法を扱うという形で変化球の方向からこういった解を考えようとしては挫折していたわたしに対して，一定の解を与えてくれたように感じられたのは，アメリカ留学の際に本格的に勉強した法と経済学だった。こうした法と経済学というツールを用いて不法行為と契約の特徴の違いを記述するのは，それ以来，わたしの目標の 1 つだったといえる。

　第 2 に，法と経済学には良い訳書がたくさんあるものの，特に民法を扱うものについては種々の難点があったからである。まず，出版年数が古く，その後の法と経済学の発展を適切に反映しているとは言い難い。また，古くない本であっても，絶版となっている本がある。さらに——そして，個人的にはこういった点の問題が大きいと思うのだが——，法と経済学の論者がアメリカ法に集中していることもあってか，分析の際に焦点を当てる例や法制度ではアメリカ法やこれに似た法制が前提とされており，英米法と対比される大陸法をベースにした部分が多い日本法（特に日本の民法）を学ぶ際には直接に役立たないの

ではないかとの問題意識があった。法と経済学が適切に受容され，研究・実務のツールとしても一定の地位を得るためには，ポズナーが行ったようにその国の法状況に照らして平易な言葉で語る教科書を出版することが欠かせない。こうした事情もあって，研究・教育の基礎として法と経済学を根付かせる上で，日本法に則した法と経済学の教科書を出すことは，わたしの目標のもう1つとなってきた。

　以上のような理由から，本書の少なくとも民法部分は，不法行為に対して契約の自立性を支える理由は何かを示すこと，また，日本法に則して法と経済学の説明を行うこと，こういった点を意識するものとなっている（そして，これまでの論考の一部を利用して読みやすくなるよう修正した部分も多い。第**4**章は「権利濫用の認定基準に関する一試論──所有権の機能分析の観点から」法学論叢195巻1号1頁〔2024年〕，第**8**章は「行動経済学と契約規制」NBL1273号4頁〔2024年〕が元となっている）。たとえば，日本法に則した記述としては，日本法において過失責任との比較でこれを認める一般的な条文がない厳格責任についてなぜ厳格責任が一般的には認められないのかを示すことに焦点を当てている。また，アメリカ法には直接的には存在するとは言い難い物権法定主義についても，説明を心掛けている。さらに契約法の自立性を意識した記述としては，契約責任と契約締結上の過失を対比して，前者では履行インセンティブが，後者では関係特殊投資の保護が，それぞれ重視されることを示して契約責任の特殊性を強調している。これ以外にもいろいろな点から以上のような問題意識に沿った記述を（わかりやすく？）行ったつもりだが，元来説明下手なのでうまくできたかは全く自信がない。第2版が出るという形で改善の機会をいただけたなら，改善できるようにしたいところである。

　自分語りや本書の（民法部分の）紹介はこのあたりにして，謝辞を述べておこう。

　まず，指導教官やこれに準じる立場としてお世話になった佐久間毅先生，山本敬三先生，潮見佳男先生に御礼を申し上げたい。三先生からの折に触れた指導や刺激がなければ，（解釈論をやるだけならここまで考える必要はなかったかもしれないとはいえ）ここまで深く，民法の制度はなぜあるのかというメタ的な問いに考えを巡らせることはなかっただろう。

次に，有斐閣で編集に携わっていただいた荻野純茄さん，一村大輔さんにも御礼を申し上げたい。わたしが共著者たる得津晶先生と編集会議やメールで好き勝手にやり合うことについて，発想をつぶさないようにしつつも脱線しないように，また，ストゥディアシリーズに備わるべきわかりやすさを備えられるように，我慢強く誘導していただくことがなければ，本書は成立しなかっただろう。

　また，やや形式的なこととの関係では，「法と社会科学をつなぐ」のオマージュとして「法と経済学をつなぐ」という章題を使うことを許容してくださった飯田高先生にも御礼を申し上げたい。

　得津晶先生の貢献は言うまでもない。わたしに単に友達が少ないことが問題だともいえるが，忌憚なく率直に意見を言い合える得津先生が商法側で協力してくれなければ，本書は完成どころかスタートラインにすら立てなかっただろう。また，得津先生の執筆部分はストゥディアシリーズにふさわしいわかりやすい記述がされており，わたしの部分でわかりやすい記述があるとすれば学生のことを第一に考える得津先生のコメントによるものだと考えてよい。

　最後に私事になるが，妻と二人の子にも「ありがとう」と述べておきたい。

2025 年 1 月

執筆者を代表して

西 内 康 人

目　次

CHAPTER 0

法と経済学をつなぐ　　　1

1　法と経済学を学ぶ意味 ……………………………………… 2

2　法と経済学が目指す状態 …………………………………… 3

3　対処すべき課題 ……………………………………………… 9

第 1 編　民　　法

CHAPTER 1

不法行為の帰責　　　17
過失責任と厳格責任

1　概 念 整 理 …………………………………………………… 18

2　過失責任と効率性 …………………………………………… 19
　　1　過失責任の大枠（20）　**2**　過失水準の設定──ハンドの
　　公式（21）　**3**　過失責任の前提──裁判所の過失認定能力
　　（23）

3　厳格責任と効率性 …………………………………………… 24
　　1　厳格責任の大枠（24）　**2**　厳格責任のメリット──ハン
　　ドの公式との比較で（26）　**3**　厳格責任の前提──裁判所の
　　損害算定能力（27）

4　予見可能性 …………………………………………………… 30
　　1　予見可能性の低さと賠償責任の否定（30）　**2**　予見可能
　　性の低い場面での賠償正当化（32）

CHAPTER 2　不法行為法の因果関係と損害　33

1　最適な損害の前提①——損害の内部化 ・・・・・・・・・・・・・・・・・・・・・・・・ 34

2　最適な損害の前提②——損害賠償の機能 ・・・・・・・・・・・・・・・・・・・・・ 35

3　事実的因果関係 ・・・ 36

4　保 護 範 囲 ・・・ 38

5　金 銭 評 価 ・・・ 40

6　厳格責任と因果関係・損害論での難点 ・・・・・・・・・・・・・・・・・・・・・ 42

7　確率的因果関係の可能性 ・・・・・・・・・・・・・・・・・・・・・・・・・・・・・・・・・・ 43

8　私的損害と社会的損害のズレ ・・・・・・・・・・・・・・・・・・・・・・・・・・・・・ 44

CHAPTER 3　不法行為の拡張問題　47

1　加害者の無資力 ・・・ 48

2　一方的注意と双方的注意 ・・・・・・・・・・・・・・・・・・・・・・・・・・・・・・・・・・ 52

　　1　双方的注意状況への対処（53）　**2**　過失相殺の「過失」
　　（54）　**3**　加害者に故意がある場合の過失相殺の限定（56）

3　加害者多数 ・・・ 57

　　1　それぞれの過失と損害との間に事実的因果関係が立証でき
　　ない場合（57）　**2**　それぞれの過失と損害との間に事実的因
　　果関係が立証できる場合（59）

4　加害意図と賠償範囲拡張 ・・・・・・・・・・・・・・・・・・・・・・・・・・・・・・・・・・ 59

CHAPTER 4　所有権とこの権利に特有な請求権　61

1　所有権ルールの可能性 ・・・・・・・・・・・・・・・・・・・・・・・・・・・・・・・・・・・・ 62

2　所有権ルールが優位となる場面 ・・・・・・・・・・・・・・・・・・・・・・・・・・・ 66

3 所有権の意味と限界 ・・・・・・・・・・・・・・・・・・・・・・・・・・・・・・・ 72

CHAPTER 5

所有権の分割　　　　　　　　　　　　　　　　　　75

1 所有権分割総論 ・・・・・・・・・・・・・・・・・・・・・・・・・・・・・・・・・・・ 76

1 所有権分割の概要（76）　**2** 分割のメリット・デメリット（76）　**3** 分割された権利の自由譲渡性に伴うメリット・デメリット（80）

2 物権法定主義 ・・・・・・・・・・・・・・・・・・・・・・・・・・・・・・・・・・・・ 81

3 共　　　有 ・・・・・・・・・・・・・・・・・・・・・・・・・・・・・・・・・・・・・・・ 83

4 不動産賃貸借 ・・・・・・・・・・・・・・・・・・・・・・・・・・・・・・・・・・・・ 84

CHAPTER 6

所有権の取得　　　　　　　　　　　　　　　　　　85

1 所有権取得制度の概要 ・・・・・・・・・・・・・・・・・・・・・・・・・・・・ 86

2 公示制度としての登記 ・・・・・・・・・・・・・・・・・・・・・・・・・・・・ 87

1 背信的悪意者の排除（87）　**2** 登記を要しない物権変動（90）

3 努力重視型と派生重視型の選択問題 ・・・・・・・・・・・・・・・ 90

4 取 得 時 効 ・・・・・・・・・・・・・・・・・・・・・・・・・・・・・・・・・・・・・・ 92

1 取得時効を認めるべき理由（92）　**2** ①証明困難回避を重視した説明——公示補完（93）　**3** ②権利行使懈怠責任と③長期事実状態保護を重視した説明（93）　**4** 事前の効率性に注目した解釈（95）

CHAPTER 7

契約の成立と効果　　　　　　　　　　　　　　　97

1 分析の基礎となる契約によって目指すべき効率性 ・・・・・・・ 98

2 契約の意義 ·· 100

    1 履行がされることの意義（100）**2** 履行が先延ばしに
なっている契約を締結する意義（102）

3 契約の効力 ·· 106

    1 損害賠償の基準額——賠償責任ルールの基準額はいくらで
あるべきか（107）**2** 履行請求と損害賠償の選択——所有権
ルールと賠償責任ルールはどちらを選択すべきか（109）**3**
賠償範囲再論——賠償責任ルールか所有権ルールか（112）

4 契約の成立 ·· 113

    1 契約の成立時期（113）**2** 契約成立前の責任（114）

CHAPTER 8

契約の締結過程規制と内容規制   115

1 契約締結過程の規制 ·· 116

    1 基本的視点（116）**2** 具体的場面（117）

2 契約の内容規制 ·· 121

    1 任意法規の解釈論（121）**2** 強行法規の解釈論（127）
3 一般条項型内容規制の原型——公序良俗（128）**4** 一般
条項型内容規制の特殊例——約款規制（131）

CHAPTER 9

契約の解釈と不完備   135

1 契約の解釈 ·· 136

    1 契約解釈の概要（136）**2** マジョリタリアンデフォルト
としての解釈基準（138）**3** 解釈基準の具体的利用例
（142）

2 契約の不完備 ·· 144

    1 不完備契約の定義と原因（144）**2** 不完備への対処と契
約制度の限界（145）

第 **2** 編 会 社 法

CHAPTER 10 会社法の基本概念 149

1 会社法の意義 150

1 契約の束による説明（150）　**2** 不完備契約を理由とする決定権限（プロパティ・アプローチ）（153）　**3** 法人格と財産分離（157）　**4** 小　括（161）

2 会社法の基本的な仕組み 161

1 社員と債権者の違い（161）　**2** 会社の機関設計の基本的なルール（162）

3 株式所有構造と法制度 165

1 世界の株式所有構造：集中型・分散型（165）　**2** 株式所有構造と法制度の関係（165）

CHAPTER 11 株式会社の機関 169

1 株式・株主の権利 170

1 一株一議決権原則の経済的意義（170）　**2** 一株一議決権の例外（172）　**3** 決定権限と配当受領権限の一致を求めるその他のルール（174）

2 取締役・取締役会の地位 175

1 取締役会の役割（176）　**2** 取締役の対会社責任と報酬（178）　**3** 株主代表訴訟（185）

3 債権者保護 188

1 剰余金分配規制（188）　**2** 有限責任の弊害と対応（195）

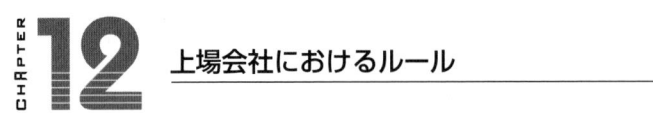

12 上場会社におけるルール　　　199

1　情報開示制度 ·· 200
　　1　法律上の情報開示制度（**200**）　**2**　情報開示制度の根拠
　　（**200**）　**3**　最近の開示義務の拡大（**203**）

2　インサイダー取引規制 ···································· 204
　　1　インサイダー取引規制不要論（**204**）　**2**　インサイダー取
　　引規制必要論（**206**）

3　敵対的企業買収と買収防衛策 ························· 207
　　1　敵対的企業買収の効用（**207**）　**2**　敵対的企業買収の弊害
　　（**207**）

13 倒　産　法　　　213

1　倒産法の意義 ·· 214
　　1　残余権者の移転（**214**）　**2**　囚人のジレンマ状況（**214**）
　　3　再生手続（**217**）

2　再　建　計　画 ·· 217

3　担保権の意義 ·· 218
　　1　外部担保のシグナリング効果（**218**）　**2**　外部担保のモニ
　　タリング効果（**221**）　**3**　内部担保のモニタリングコストの節
　　約（**222**）　**4**　資産代替の抑止（**223**）　**5**　過剰担保の問題点
　　（**224**）　**6**　事業担保の課題（**225**）　**7**　相殺の担保的機能
　　（**226**）

文献リスト（**228**）
事 項 索 引（**233**）
判 例 索 引（**236**）

略語表 ━━━━━━━━━━━━━━━━━━━━━━━━━━━━━━━━━━━━━━━●

●裁判例略語

大判	大審院判決
最判(決)	最高裁判所判決（決定）
高判	高等裁判所判決

●判例集略語

民集	大審院民事判例集,
	最高裁判所民事判例集
刑集	最高裁判所刑事判例集
交民	交通事故民事裁判例集
判時	判例時報
判タ	判例タイムズ

例：「最判平成8・1・23民集50・1・1」は，最高裁判所で平成8年1月23日に言い渡された判決で，最高裁判所民事判例集50巻1号1頁から掲載されているものを指す。

著 者 紹 介

得 津　　晶 ［第 **10** 章〜第 **13** 章執筆］
とく つ　　あきら

　一橋大学大学院法学研究科教授

　主要著作：

　　日評ベーシック・シリーズ『会社法』（共著，日本評論社，2021 年）

　　"The 'Independence Day' of Payments Law? Fintech's Impact on Financial
　　Regulation in Japan", Mark Fenwick, Steven Van Utysel, Bi Ying ed.,
　　Regulating Fintech in Asia: Global Context, Local Perspectives, Springer, pp.
　　139–162, 2020

西 内 康 人　［第 **0** 章〜第 **9** 章執筆］
にし うち やす ひと

　京都大学大学院法学研究科教授

　主要著作：

　　『消費者契約の経済分析』（有斐閣，2016 年）

　　『担保法の現代的課題』（共著，商事法務，2021 年）

　　「連帯債務と債務発生原因」判例時報 2615 号（2025 年）

法と経済学をつなぐ

　「法と経済学」は，法学部生にとって必ずしも親近感の湧くテーマではないだろう。

　この 1 つの理由は，法学部の学生にとって何のためにこれを学ぶのかよくわからないことが原因だろう。たとえば，民法・商法など法学部の主要科目であれば，それらの講義でその解釈論と理由付けについて学べばよく，あえて「法と経済学」を学ぶ必要はない。経済学が学びたければ，「法」と限定せずに経済学を学ぶべきだと感じるかもしれない。このように学ぶ意味・目的もわからずに学ぶのは，学ぶ者にとってつらいことである。そこで，筆者の 1 人（西内）の体験も交えつつ，どのような理由で「法と経済学」を学ぶのか，この章の前半（⇒ 1）でこれを明らかにしていこう。

　別の理由は，法学部の学生にとって，別学問である経済学がわからず，また，法学と経済学という別の学問を地続きにする形でつなぐポイントは何かがわからない，という点にあるかもしれない。そこで，法学と経済学の関係を考える上で認識していると役立つ前提を，この章の後半（⇒ 2・3）で明らかにする。

　ただ，この章の後半部分である 2・3，特に 2 はかなり抽象的であり，この章に続く第 1 章以降で具体例を学んだあとの方が理解しやすい部分があるかもしれない。また，第 1 章以降の理解にとって事前に読むことが必須ともいえない。このため，読み飛ばして最後に回すということや，この章を参照する指示が出た場合に適宜参照してもらうことでもかまわないと，あらかじめお断りしておく。

1　法と経済学を学ぶ意味

ここではまず，法と経済学を学ぶ理由について考えてみよう。

(1)　間接的理由

　一方で，この理由としては，知的好奇心を満たすためであったり，新しい考え方に触れることで自分の知識や思考の枠組みを豊かにするためであったり，ということが考えられるかもしれない。法と経済学は，民法・商法などの実定法との関係ではこの基礎となる基礎法学に分類されるのが通常であり，著者（西内）が学部や法科大学院で基礎法学を学んでいた際の理由としては，以上のようなものであったようにも思われる。これをかりに，間接的理由と呼んでおこう。

(2)　直接的理由

(i)　実定法を基礎付けるものは意外とわからない

　他方，その理由としては，実定法との直接的関連を考えることもできる。

　この直接的関連をイメージするために，たとえば，契約はなぜ拘束力を持つのか，という問題を考えてみよう。この問題への回答としては，法律にそう書いてあるからという法実証主義的な理由のほかに，当事者の意思を尊重するべきだから（意思説）・与えるものと受け取るものとの等価性が維持されているから（等価性説）・当事者の信頼を保護するべきだから（信頼説），というメタ的な理由付けがある。しかし，意思説では過去の約束が現在の自分を拘束する理由付けについて困難があること，等価性説では等価であることを当事者の主観と客観のどちらでどのように測るのか問題があること，信頼説ではたとえば契約締結上の過失のように信頼があっても契約の拘束力が認められない場面の説明に窮すること，などの問題がある。また，以上の1つまたは複数の理由でかりに説明ができると信じるとしても，われわれの社会生活を成り立たせる上で契約制度はどのような有用性があるのかといった点を考えることは説明を多角的

にして豊かにしてくれる。こうした有用性を考えるのが，法と経済学である。

(ii) 記述と規範

そして，こうした法と経済学の説明を考えることは，2つの意味がある。

第1に，記述的意味がある。すなわち，現在の法制度がどのような理由に基づいてできあがっているのか，この説明を与えることになる。この制度趣旨の説明は，われわれが法制度を覚える上で有用である。つまり，学部や法科大学院の授業で法制度の制度趣旨がまず語られるのが通例であるが，この制度趣旨の説明は，ともすれば無味乾燥に見える制度について納得した上で，これを覚えることを可能にしてくれる。

第2に，規範的意味がある。すなわち，現在の法制度を解釈する上では，制度趣旨にさかのぼった目的論的解釈が重要である。たとえば，民法の背景に権利保護という目的があるのだとすれば，人を奴隷として働かせる契約はこれを無効としないと奴隷的拘束の禁止を権利として定めた憲法18条の目的が達成できないからこそ，公序良俗違反だと解釈されるべきなのである。また，目的が間違っていると思えば，制度自体を改廃するべきである。こうした目的論的解釈や法制度改廃のきっかけを与えてくれるのが，法と経済学での法制度の有用性分析である。

法と経済学には以上のような実定法とのつながりがあり，これを直接的理由と呼ぶことにしよう。法と経済学は間接的理由のみならず，直接的理由によっても学ぶ価値のある学問である。

法と経済学が目指す状態

次に，より専門的な話になるが，法と経済学で分析する有用性とは何か，言い換えれば，法と経済学はどのような状態を目指そうとしているのか，この点を確認しておこう。難しければ読み飛ばしていただいて，最後に振り返って読んでいただく方がよい（また，この部分が理解できなくても，本書の理解に大きな支障はない）。

▌(1) 帰結主義 ▌

　まず，法と経済学は帰結主義の一種である。帰結主義とは，良さを測る基準は結果だけであり，この結果が実現するための手続は考慮されないということである。別の言葉では，経路独立性とも言い換えられる。

　この点との関係で，留意すべきなのは，帰結主義ではない立場との違いである。帰結主義以外の立場も，結果を考慮に入れる。こういった立場と帰結主義との違いは，上記帰結主義の定義に裏から表れているように，結果だけでなく，結果を実現するための手続にも価値を置くことにある。したがって，帰結主義ではない立場では，手続の公正さにも力点が置かれることになる。しかし，繰り返しになるが，（手続だけを重視する極端な立場を除けば）結果を考慮することを否定するわけではない。そして，結果の中に，すぐ後に述べるように法と経済学で分析される効率性や実効性が入るのであれば，それ以外の法学でも法と経済学の分析を考慮材料とすることができるわけである。

▌(2) 帰結の種類 ▌

　次に，経済分析の意味として，帰結主義に言う「帰結」を確認しておこう。ここでは，経済分析の目的として，狭義と広義を分けることが可能である。

（i）効 率 性

　狭義の経済分析は，経済的**効率性**を目指す。では，経済的効率性の実現，つまり，厚生の最大化とは何をもって計測するのか。ここでは，①快楽，②**選好充足**，③客観的価値実現を基準とする立場が分かれる（また，①や②は効用とも言い換えられる。また，①に代えて幸福を用いる考えもある。①や②の特徴は，③との対比で，個々人の中にある主観的，相対的な価値基準を重視することにある）。たとえば，健康食品を購入する場面を考えてみよう。ここでは，健康食品の購入や消費によって満足を得ること（①），他の商品やサービスとの対比で健康食品という自分の望むものを選択できていること（②），健康食品によって健康という客観的に良い状態が増進すること（③），これらの意味で効率性が増えている。そして，それら①から③のうち，合理的な人間なら外形的な行為（選択）が選好と一致していると考えられる以上は外形的な行為から計測可能な②を用

いる立場が，厚生を測る立場では有力である。以下では，こういった経済的効率性を，効率性という言葉で呼び表そう。

(ii) 実効性

広義の経済分析は，究極的な目的は上記経済学的なもの以外でもよいが，一定の設定された究極的目的の有効な実現を目指す。つまり，一定の法令やその解釈が社会にいる人々の動機づけに影響を与えることを，一定の人間モデルを基に予測・分析し，一定の究極的な目的のために望ましい法令やその解釈を導き出す作業である。たとえば，環境保護のためにレジ袋を有料化することは，——環境保護目的が上記③に含まれると考えることもできるが，そう考えないとしても——法令等で設定された環境保護目的のために，経済学の一種たる行動経済学が利用される例である。つまり，レジ袋有料化が人々の動機づけに与える影響を，人々の心理傾向を基に予測・分析し，望ましい措置を導き出しているわけである。以下では，こういった望ましい措置の基準を，**実効性**という言葉で呼び表そう。

以下では，特に断りのない限り，狭義の経済分析が目的とする効率性を，目指すべき状態として考えることにする。

(3) 帰結の良さの基準

以上述べた経済分析の目的の補足として，効率性の中身としてはよく使われる次の2つの基準の内容を，以上の②の選好充足のほか，効率性としてイメージしがちな金銭的価値最大化の，2つの基準に照らして整理しておこう。

(i) パレート改善

1つは，パレート改善である。つまり，ある制度に関する2つの状態を比較した上で，誰の地位も悪化しない状態で，かつ，少なくとも1人の地位が向上する状態である。この状況の特徴は，次の3つである。

第1に，このパレート改善が達成される状況は，すべての人との関係で現実に選好充足が満たされるという状況だと言い換えてもよいことである。というのは，すべての人の地位が悪化しない，あるいは，改善するのであれば，そのような選択肢をすべての人が選ぶと考えられるからである。

第2に，民法で扱う問題に照らして状況が特殊であることである。すなわち，

こうした状況は，現実の状況に照らしてあまりに非現実的と思われるかもしれない。特に，何らかの瑕疵がある取引状況や，取引自体がない不法行為などを扱う民法の場面とは，合致しないことが多い。しかし，後述のように，これが達成されるとみることができる状況がある。典型的には，契約自由が瑕疵なく働く，大多数の取引の場面である。

第3に，次に見るカルドア＝ヒックス基準との対比だが，個人の内面を何らかの形（金銭など）で数値化したものによる個人間比較が必要ないことである。言い換えれば，パレート改善を重視する立場は，個人の内面を比較可能な形で計測することの困難性あるいは不可能性を念頭に置いているともいえる。この基準では，金銭的価値最大化という計測可能な金銭を基準として用いてその最大化を目指す基準を用いる必要はないわけである。

(ii) **カルドア＝ヒックス基準**

もう1つは，**カルドア＝ヒックス基準**である（そして，社会的富をすべての財やサービスの価値のみならず消費者余剰と生産者余剰を含む形で定義するところの富最大化基準も，ここに含まれる）。つまり，ある制度によりある者が不利益を受けるとしても，この不利益の量が，利益を受けた者の利益の量より小さければ，補償によりすべての人の地位を改善することが可能である以上は，効率性が達成されたとみる。この状況の特徴は，次の3つである。

第1に，この状況と選好充足との関係は，仮説的なものだということである。つまり，補償が行われるなら，その制度の状態を選好するだろうと考えられるものの，補償は現実に行われる必要がない。むしろ，こうした補償を効率的に行うためには税と社会保障が持ち出されるのが通常である。こうした別の制度を通じた全体像で，選好充足を達成できる可能性さえあれば，当該制度で不利益を受ける者がいてもかまわないとみるわけである。

第2に，民法で扱う問題に照らして状況が適合的だということである。つまり，民法でよく扱う何らかの瑕疵がある取引状況や取引のない不法行為などでは，利益，不利益が入り混じる。

第3に，個人の内面を何らかの形で数値化したものによる個人間比較があることである。言い換えれば，カルドア＝ヒックス基準を重視する立場は，個人の内面を比較可能な形で計測することが何らかの方法で可能だと考えていると

いえる。ここで，この計測のために一般的に使われるのが，支払意思額（Willingness to Pay）という金銭化の基準である。つまり，不利益を回避できるならいくらまで払う用意があるか，また，利益を獲得できるならいくらまで払う用意があるか，という金銭に対する選好で計測される。このようにして不利益や利益が選好の結果として金銭に換算できるのなら，選好充足基準は金銭的価値最大化につながることになる。しかも，こうした選好は外部に表明された選択行為から推断できそうである。

　しかし，人間の選択行為は心理的バイアスの影響を受ける結果，外部に表明された選択行為から推断される選好を用いて支払意思額を計測してよいか問題となる。心理的バイアスの影響としては，たとえば，賦与効果がある。この賦与効果とは，すでに持っているものを手放す場合の評価額を，これから手に入れようとする場合の評価額よりも，高く考えてしまうバイアスである。たとえば，リンゴに対する支払意思額を考えるとしよう。この支払意思額は，①リンゴを買う場合に出してよい最高額，また，②リンゴを売る場合に支払いを受ける最低額により計測される。バイアスがない状態では，①と②は一致する。しかし，すでに保持しているリンゴを売る場合の額である②の方が，これからリンゴを手に入れる場合の額である①より高くなる心理的バイアスが知られている。このため，①と②のいずれを基準とするべきか，あるいは，①と②の両方が信用に値しないのか，という問題が生じるわけである。以上のような心理的バイアスの影響は，後述する顕示選好理論の当否に関わってくる。

⑷　留意点

　なお，以上の議論について，次の2点を留保しておく。

ⅰ　算入してはならない選好

　第1に，以上の選好充足を基準とし，かつ，これを形式的に充足する場合でも，なおそこに算入してはならない選好があるのではないか，ということである。つまり，個々人の主観的，相対的な価値基準の尊重は原則であるとしても，例外はないのか，ということである。典型例は，加害意図である。つまり，加害行為が選好に合致している場合，こうした選好充足が保護されるとは考え難い。よって，この選好充足を尊重しないばかりか，この者に選好充足行動を抑

止するだけのサンクションを与えて，こうした問題を防止することが正当化されうる。日本法で加害意図にサンクションが加えられる例としては，背信的悪意者の保護はく奪，加害意図がある場面での不法行為責任成立拡張（たとえば，宗教団体に対する批判は，加害意図があれば信者個々人に対する不法行為が成立する〔最判平成 11・3・25 裁判所ウェブサイト（加害意図がない限りは信者個々人に対する不法行為を成立させない）〕，など），故意不法行為の賠償範囲拡張（特に，加害から快楽を得るとの悪しき意図がある場合には過失相殺が否定される）がある。

(ii) 不合理な選好

　第 2 に，選好充足を基準とする場合でも，選択行為という外形から推測される選好から心理学などの研究によって明らかになった心理的バイアスの影響による不合理な選好充足を取り除いて，真の選好充足を追い求めるかどうかという問題がある。一方で，経済学で伝統的に用いられてきた顕示選好理論はこのような除去を行わない立場である。つまり，選択行為という外形と選好充足が一致していると考える。他方，法哲学などの立場を中心に，選択行為と選好充足との一対一対応を認めず，真の選好を追い求める見解もある。

　具体的に述べると，一方で，合理的な選好には完備性，推移性，連続性，独立性といった特徴があると考えられている。たとえば，推移性とは，「リンゴよりバナナが好き（リンゴ<バナナ）」と「バナナよりミカンが好き（バナナ<ミカン）」という選好を持つなら，「リンゴよりミカンが好き（リンゴ<（バナナ）<ミカン）」という序列が自動的に成り立つ，ということである。また，完備性とは「バナナ以上にリンゴが好き（リンゴ≳バナナ）」か「リンゴ以上にバナナが好き（バナナ≳リンゴ）」のいずれかが成り立つことである。他方，こうした特徴を破壊する選択行為がみられる場合，不合理な選好の影響がみられるとして，その影響を取り除いた真の選好を推察しようとするわけである。不合理な選好の一例として，完備性を破壊する選好逆転現象が知られている。この選好逆転現象については，①ローリスク・ローリターンのくじ（5000 円が 90 パーセントの確率でもらえる）と②ハイリスク・ハイリターンのくじ（5 万円が 10 パーセントの確率でもらえる）とを比較すると，「どちらを選ぶか」という質問では①を多くの人が選ぶのに対して，「金額で評価すると，どちらを高く評価するか」という質問では②が選ばれるという実験結果がよく知られている。こうした不

合理な選好の推定に使われるのが，人間の心理的バイアスである。真の選好を用いる場合，前述したパレート改善や，カルドア゠ヒックス基準の基礎となる支払意思額については，そうした心理的バイアスから推定される不合理な選好の影響を排除した上での推計が，用いられることになる。

３ 対処すべき課題

　では，法と経済学で分析される法は，どのような問題に対処することで効率性を実現しようとしているのだろうか。

　法が対処しようとしている問題には，一方で，上記のような心理的バイアスが作用しており，この心理的バイアスの存在を分析に組み込んだ行動経済学が法と経済学でも用いられるようになっている。他方，伝統的に焦点が当てられてきたのは，情報と戦略的行動の問題である。ここでは，この情報と戦略的行動の問題について概説し，法に何ができるのか考えるきっかけを作ってこの章の締めくくりにしたい。

｜ (1) 情報から生じる問題 ｜

(i) 情報の偏在という問題

　まず，情報から生じる問題としては，情報が一部の者に偏在しており，情報を必要とする別の者には手に入っていないという問題がある。これを**情報非対称**の問題という。情報非対称がもたらす問題としては，逆選択（ないし逆淘汰）とモラルハザードの問題がある。

(ii) 逆 選 択

　逆選択とは，事前に情報非対称が解消しないことによって生じる問題である。たとえば，雇用の場面を考えてみよう。ここでは，雇用する企業の側としては，能力が高い候補者を採用したい。しかし，能力の高さに関する情報は，候補者本人に比べて企業の側は自然には手に入らない。よって，能力が高いと誤解して能力が低い者を雇ってしまうかもしれないし，また，候補者の能力が低いのではないかと疑って能力の低い候補者に合わせて雇用条件を定める結果として

能力が高い者が望む契約条件が得られないかもしれない。育児や家事など他の行動をあきらめることによる費用（機会費用）が大きければ，低い能力に合わせて作られた利益の少ない契約条件では，十分な労働力が供給されないことにもなりうる。さらに，望む契約条件が得られなければ，能力を高めるための勉学や訓練といった社会的に有用な活動も減少するかもしれない。なお，候補者の側に能力について自己申告させるだけでは，問題は解決しない。というのは，候補者にはうそをつくインセンティブがあるからである。

　(ⅲ)　モラルハザード

　次に，**モラルハザード**とは，事後に情報非対称が解消しないことによって生じる問題である。ここでも，雇用の場面を考えてみよう。雇用されたのちに，さぼっていることがばれなければ，労働者にはさぼるインセンティブが生じてしまう。ここでも，さぼっているという情報は労働者には自然に手に入るが，企業側にとってはそうではない。

▌(2)　情報の問題解決に向けて ▌

　以上のような問題を解決するためには，情報を集め，これを伝達するメカニズムさえあればよいと思うかもしれない。ただ，このメカニズムを考える上でも留意すべき点として，情報が持つ2つの特徴がある。

　(ⅰ)　情報と非排除性

　1つは，情報が非排除的特徴を持ちやすいことである。すなわち，情報はいったん生産されると，知的財産法などの法制度がなければ，他人が利用することを妨げるのが難しい。この点は有体性がある通常の物とは異なっている。通常の物，たとえば，建物であれば他人の利用を禁じるために有刺鉄線での柵など物理的手段に訴えることができる。このため，通常の物はこれを生み出すために費用が掛かったとしても，他人がこの費用投下にただ乗りしてしまうことを防いで利益を独占できるため，社会的に有用な物を生み出すインセンティブを生み出しやすい。対照的に，情報はこういった物理的な保護がないため，法によって保護を与えないと，社会的に有用な情報でも生み出されにくいという特徴がある。

もう 1 つは，情報は非競合的特徴を持ちやすいことである。すなわち，情報はいったん生み出されると，これを別の人に利用させるのに追加的な費用が多く掛かるわけではない。社会的に有用な情報である学術的な情報を，大学など公的な機関で補助金をかけて生み出して，人々のフリーアクセスを認めているのは，こうした情報の非競合性が理由である。この点は，有体性がある通常の物とは異なっている。通常の物，たとえば，建物であれば他人が利用すると自分が利用できる部分は少なくなってしまうため，他人の追加的利用は費用を生み出すのだと表現できる。だからこそ，通常の物については，所有権など包括的な排他性を与えるのが望ましい。対照的に，情報はあまりに多くの保護を与えると，社会的に有用な情報の流通が阻害されてしまう。

以上のように，情報については，保護と利用のバランスをとる必要があるわけである。そして，こうしたバランスをとった上で，情報の問題を解決する制度として，法が存在することになる。

（3） 戦略的行動の問題

以上の情報の問題と相互作用することで状況を悪化させるもう一つの問題として，戦略的行動の問題がある。

（ i ） 戦略的行動の内容

戦略的行動とは，行動の先読みをすることで決定される行動である。日常的な例であれば，たとえば，将棋を考えてみるとよい。ここでは，自分は相手方の行動を先読みする。同様に，相手方の行動は，自分のその後の応答を先読みしたものであるだろう。そして，自分は相手方の行う，自分の応答を先読みした思考をさらに先読みして……というように先読みを繰り返して行動するだろう。人はほかの人の行動を先読みするとともに，ほかの人も同様の思考をしているだろうと考えて，行動しているわけである。

（ ii ） 戦略的行動がもたらす害の例——フリーライド

実はこういった戦略的行動は，上述した雇用の場面でも現れうる。たとえば，逆選択を解消するために，企業 A は費用をかけて候補者の情報を調査しようとするかもしれない。そして，この結果として，優秀な候補者を雇えるかもし

れない。しかし，他の企業BがこのようなAの企業行動を予想すれば，このような雇用行動を見てから，引き抜きをかければ，自分で費用をかけなくても優秀な候補者を雇えることになる。とすれば，他の企業Bからすれば，自分で費用をかけずに待つのが正しい戦略となる。こういった他の企業Bの行動を予想すると，企業Aとしては自分で費用をかけるのが割に合わなくなる。よって，社会的に有用な情報であっても，企業側のインセンティブでは生産されなくなってしまう。企業Bは企業Aの行動を先読みして費用をかけないで利益はく奪行動をとるつもりでおり，この企業Bの行動を読むからこそ企業Aは費用をかけるのが割に合わなくなるわけである。こうした問題を**フリーライド**と呼び，法の経済分析ではしばしばフリーライド問題が登場してくる。

⑷　戦略的行動の解決に向けて

では，戦略的行動にはどのように対処するべきだろうか。

一方で，情報の問題についてもそうであるが，法の外での自主的努力によって解決できる場面がある。たとえば，候補者の能力に関する逆選択を防ぐためには，学歴や資格など能力の高い者と能力の低い者をふるい分ける手段が考えられる。信頼のおける情報を企業側が生み出すことに戦略的行動の問題がある場面では，候補者の側にそうした情報を生産・伝達させることが考えられるわけである。

他方，法制度による解決もありうる。たとえば，上記の企業Aによる調査・雇用の例であれば，企業Bへの引き抜きに罰則を科したり（刑法による解決），企業Bに移ることを雇用者との契約で禁じたり（契約による解決），悪質な引き抜きに不法行為での金銭賠償を課したり（不法行為による解決），様々な方法が考えられる。

⑸　法制度の意味

以上のように，法制度は効率性を阻害するような問題がある場合に，これに対処するためのものだと把握されることになる。効率性を阻害する要因は不法行為で取り上げる外部性のように様々なものがありうるが，こういった点への対処が法の役割である。

そして，この対処の特徴としては，効率性を高める行動の方が，そうでない行動よりも，当該行為者の利益を高めることによって実現されることにある。つまり，自己利益だけを考えて行動する者にとって，法に従った方が多くの利益を得られる状態を，法によって作り出すわけである。このように利害得失を変化させることで行為者の動機に影響を与える方法，つまりは，インセンティブに影響を与える方法を用いることに，法と経済学から見た法の特徴がある。

第 **1** 編

民　法

PART

CHAPTER

- **0**
- **1** 不法行為の帰責
- **2** 不法行為法の因果関係と損害
- **3** 不法行為の拡張問題
- **4** 所有権とこの権利に特有な請求権
- **5** 所有権の分割
- **6** 所有権の取得
- **7** 契約の成立と効果
- **8** 契約の締結過程規制と内容規制
- **9** 契約の解釈と不完備
- **10**
- **11**
- **12**
- **13**

第 **1** 章

不法行為の帰責

過失責任と厳格責任

　民法の教科書では，**過失責任原則**があると述べられている。しかし，少し学べば過失を要求しない場面も多くあることがわかる。

　では，なぜ過失責任原則は修正されるのだろうか。ここで民法の教科書では一般に，過失責任原則を採用する理由は，加害者にとっての行動の自由を守るためであるとされている。では，なぜ過失責任の採用が自由行動の保護につながるのか，別の言葉でいえば，過失責任と比較してこれ以外の原則だと加害者の自由行動への影響がどのように変化するのか。

　本章で扱うのは，不法行為の帰責基準に関する2つの対照的な立場は，損害の効率的な抑止という点から見ていかなる共通点と相違点を持つのか，それぞれの特徴はしたがってどのようにまとめられるのか，という問題である。

1 概念整理

本章で解説する過失責任とこれと対比される厳格責任の経済分析は，加害者の自由行動への影響という点と主に関係している。つまり，過失責任と厳格責任では加害者の利害得失に影響を与える場面や内容が違うことによって，それぞれが加害者行動の動機づけに違った影響を与える点を分析する。そして，結論を少し先取りすれば，一定の理想的な状況では過失責任と厳格責任で加害者行動への影響は同じとなるが，この理想的な状況を現実に近づけていくと，効率的な社会の実現にとって一方には他方にはない長所が現れる場面がある。

以下では，このような分析の内容を詳しくみていこう。

(1) 過失責任と厳格責任の概念

こうした分析の前提として，まず，本章で対象とする過失責任と厳格責任という用語を，民法で勉強する過失概念に照らして整理しておこう。ここで概念整理を行っておくべきいくつかの理由がある。

理由の1つは，経済分析で過失責任と対比される厳格責任が，日本法上の用語ではなく，過失責任以外のものという以上のイメージを持ちづらいからである。別の理由として，すでに述べた点と関係するが，日本法で過失責任以外の責任は，免責の余地がないものから一定の免責の余地が認められるものまでかなり幅があり，したがって過失責任と対比される厳格責任を明確に定義しておかないと，何が対比されているのかわかりづらくなってしまうからである。

(2) 過失責任と厳格責任の定義

(i) 過失責任の定義

そこで，まず，**過失責任**を定義しよう。過失責任は，**①結果回避義務**への違反に対する責任であることを本質として，**②予見可能性**が前提として必要となると理解されるのが通常である。

(ii) 厳格責任の種類

これに対し，**厳格責任**は，以上の過失責任の定義のうち，①と関連して，結果回避義務違反がなくても責任を負う場面と想定されるのが通例である。ただ，過失責任と対比される責任としては，①結果回避義務自体の違反やこれに類似する違反を要求する点では過失責任に近いものの，②と関連して，予見可能性を問わないという形で過失責任より厳格な責任を課す類型もある。②はないが①があるという類型は，普通に法学を学習しているとあまり気づかないかもしれない。しかし，建物や道路などの管理の責任を問う工作物責任・営造物責任における瑕疵の判断は，②はないが①はあるという類型である。たとえば，高速道路上へのキタキツネの飛び出しにより生じた事故について，キタキツネの侵入を防ぐフェンスを設置しなかったことが営造物責任上の瑕疵に該当するか争われた裁判で最高裁が瑕疵を否定した判断（最判平成22・3・2判タ1321・74）では，①の有無を判断するために使われる後述のハンドの公式に近いものが使われている（生じうる結果は重大となりうるとしても，結果発生確率は低く，結果回避費用は膨大）。他方，工作物責任（民法717条）や営造物責任（国家賠償法2条）では，②の予見可能性を問題とする判例はない。以上のように，厳格責任の中には，①が存在しないものと，①は存在するが②は存在しないものがある。

(iii) 厳格責任の定義

以下では，厳格責任は，①に注目して，結果回避義務違反を問わない責任という形で定義することにしよう。①は問題とするが，②を問わない類型は，後に「予見可能性」という別の項目を建てて取り上げることとしよう（⇒④）。

また，①の結果回避義務の内容と関連して，まずは加害者のみが損害発生の確率や大きさに影響を与え得る場面を考えて，その後，被害者もそうした影響を与え得る場面を考えよう。

過失責任と効率性

以上の定義を前提に，まずは過失責任が加害者行動にどのような影響を及ぼして効率性を実現するのかをみていく（効率性の定義は第**0**章参照）。ここでは，

過失責任の大枠を確認した上で，過失判断にとって決定的な結果回避義務がどのように設定されるのかを説明し，最後に過失責任の前提となっている裁判所の判断能力について見ていくことにしよう。

1 過失責任の大枠━━━━━━━━━━━━━━━━━━━━━━━━●

(1) 過失責任の枠組み━━結果回避義務違反に対する賠償責任

過失責任の枠組みをざっくり述べると，加害者が結果回避義務を履行した方が履行しなかった場合よりも社会的な費用・損害が少なくなる場合に，結果回避義務違反に対して損害賠償というペナルティを課すことによって，結果回避義務の履行を加害者に動機づけるものである。

(2) ケースの検討

CASE 1-1

制限速度40km/h という道路を考えよう。つまり，①結果回避義務は40km/h以下で走行することだとしよう。また，②加害者たる自動車運転手は速く走れば走るほど利益が得られるとしよう（速く走れば走るほど利益が大きくなる理由は，到着時間が早くなるからなのかもしれないし，単にスピードが楽しいからかもしれない）。そして，制限速度40km/h が社会的利益を最大化する数値例として，30km/h・40km/h・50km/h で走ることにより加害者に生じる利益はそれぞれ35・45・50となり，1000の損害をもたらす事故の確率をそれぞれ3.4%，4.2%，5.5%，と考えよう。

	走行速度：30km/h	走行速度：40km/h	走行速度：50km/h
加害者の走行利益	35	45	50
損害の期待値	34 （損害1000×確率3.4%）	42 （損害1000×確率4.2%）	55 （損害1000×確率5.5%）

この場合に，過失責任がなければ，加害者にとって制限速度40km/h を超えて走るのが合理的である。というのは，②の仮定により，40km/h で走るより，たとえば50km/h で走った方が加害者にとっての利益は大きくなるからである。他方，過失責任があれば，40km/h を超える速度で走行して交通事故を起こせ

ば，つまり，①の仮定により結果回避義務違反が認定されて事故を起こしたとすれば，加害者は被害者の人身損害などを賠償しなければならないので，40km/hを超えて走行した場合に負担する損害賠償費用の期待値が跳ね上がることになる。そこで，加害者にとっては，40km/hを超えない速度で走行することが，合理的となる。この40km/hを超えない速度のうち，②の仮定により40km/hが一番加害者にとって利益が大きいはずだから，加害者は40km/hで走行すると予想される。

CASE 1-1 の数値例だと，次のような計算結果になる。

	走行速度：30km/h	走行速度：40km/h	走行速度：50km/h
加害者の総利益	35 （無過失であって賠償義務がなく走行利益のみ）	45 （無過失であって賠償義務がなく走行利益のみ）	−5 （走行利益50から損害期待値55〔損害1000×確率5.5％〕を引いたもの）

　以上の結果，加害者にとって利益が最も大きい40km/h走行に誘導される。
　注目すべきは，走行速度40km/hと50km/hとの間で，損害賠償義務を課すことにより加害者の総利益が大きく変動していることである。このことは過失責任の大きな特徴であり，厳格責任との違いでもある（⇒3 1）。

2　過失水準の設定──ハンドの公式──　　　　　　　　　　●

▎(1)　ハンドの公式の定義 ▎

　そこで次に問題となるのは，過失責任においてどのように過失を設定すれば効率性が実現されるかである。ここで過失責任の場合，結果回避義務の基準としては，ハンドの公式が使われる。ハンドの公式を──わかりやすさのためにやや不正確な形で──定義すると，以下の3つの大きさを比較することにより結果回避義務を導く公式であると定義される。

> ⓐ　結果回避義務を課すことによって犠牲にされる利益
> ⓑ　結果回避義務の履行により損害発生の確率が低減する程度
> ⓒ　結果回避義務違反があると発生すると見込まれる損害の大きさ

ここで，ⓐは結果回避義務を履行することにより確実に発生する費用の大き
さを示している。ⓑ×ⓒは結果回避義務を履行することにより発生を防止でき
る損害の期待値を指している。

　そして，ⓐ＜ⓑ×ⓒなら，結果回避義務を履行させて損害発生の確率や程度
を減少させた方が効率的となる。そこで，このⓐ＜ⓑ×ⓒの場合に，結果回避
義務に違反する行動があれば，過失ありとされる。

(2)　ハンドの公式の留保

　ただし，実際にはハンドの公式はこの通り用いられているわけではなく，一
定の留保がある。

　①1つは，具体的な加害者との関係で結果回避義務を設定するのではなく，
通常人を基準として設定されている。これは，過失の基準である結果回避義務
は，これを裁判所などが設定して加害者全体に内容を認識させ，これを守らせ
ることが必要となるところ，個別化しすぎてしまうと基準設定，情報伝達など
の費用が掛かりすぎるからである。

　②もう1つ，関連して，法令や慣習などによって，ハンドの公式を用いるこ
となく結果回避義務が設定されている場面も多い。この点も，基準設定や情報
伝達などの費用と関係していると考えられる。

(3)　慣習が不合理な場面

　もちろん，慣習が不合理な場面がある。たとえば，医療慣行に従っただけで
は無過失とならないとした判例がある（最判平成8・1・23民集50・1・1）。ここ
では，医者と患者では加害者と被害者の地位の非対称性があるがゆえに，医者
任せの慣習だと患者の利益を無視して基準が設定される傾向があることだけで
なく，ハンドの公式のⓒに対応する患者の持つ生命身体の価値に照らしてハン
ドの公式からは慣行より高い注意水準を設定すべきであることが影響している
と考えられる。

　なお，先にハンドの公式を「──わかりやすさのためにやや不正確な形
で──定義すると」と断ったのは，厳密にいえばハンドの公式は結果回避義務
の水準を上げ下げすることによる費用の増減分をⓐⓑⓒで比較することになる

からである。この厳密な定義は経済分析で用いられる数理モデルの意味を理解するためには重要だが，研究者になろうとするのでない限りは神経質になる必要はない。

3　過失責任の前提──裁判所の過失認定能力────────●

ここで重要なのは，裁判所など法の執行機関が，ⓐⓑⓒについて算定して結果回避義務を課す必要があることである。ⓐⓑⓒを正確に算定できていないと，加害者は過大な，あるいは，過小な注意をとることになる。

> **CASE 1-2**
>
> 先の CASE 1-1 と同様に 40km/h 制限が効率的となる道路で，ⓐⓑⓒの計算を裁判所が誤って，30km/h 制限，あるいは，50km/h 制限を課してしまったとしよう。

ここで設定されている 30km/h 制限，50km/h 制限は非効率な水準での結果回避義務であるが，これが過失の基準とされると，すでに述べたように加害者にはこの制限速度を守ろうとするインセンティブが生じることになる。

結果回避義務と同様に，裁判所などが結果回避義務に該当する加害者の行動を正確に認定できる必要がある。たとえば，40km/h 制限の道路で交通事故が生じた場合に，証拠が当該事故で破壊されることから実際に走っていた速度の 10km/h オーバーと認定されることがしばしばあるのだとすれば，加害者は 30km/h で走って確実に過失がないという状態にした方が安全であろう（過大な注意が誘発される）。逆に，40km/h 制限の道路で被害者が加害者の具体的行動について証拠を集めることが困難なら，加害者は過失が認定されず責任を免れると期待するため，スピード違反を起こしがちになろう（過小な注意が誘発される）。

▌過失責任を機能させるための裁判所の能力▐

以上をまとめると，過失責任を機能させるための裁判所の認定能力は，2つに分けられる。

① 過失の基準である結果回避義務とは何かを認定する能力
② この結果回避義務の違反に該当する行動を加害者が実際に行ったか認定する能力

以上の能力のうち1つでも欠けるか，あるいは，1つでも不十分なら，過失責任がうまく機能する基盤は動揺してしまうことになる。

そこで，①や②について裁判所などの能力の補完が行われている。①については，たとえば，すでに述べたように法令や慣習による補完が行われる。また，②については，たとえば，医療事故においてガーゼが患者の手術後の体内から見つかれば，具体的に何と言えなくても何らかの結果回避義務違反があったはずだと推定するなど過失を事実上推定することで配慮されているところである。

３ 厳格責任と効率性

次に厳格責任を見よう。つまり，結果回避義務という過失の本体部分を使わずに加害者に責任を課すと，以上の分析はどのように変化するのか，という問題である。ここでは，過失責任の分析と同様にまず大枠を見た上で，過失責任と比較した厳格責任を確認し，最後に厳格責任が機能するための前提をまとめることにしよう。

１ 厳格責任の大枠

(1) 厳格責任の枠組み──損害の内部化を常にさせる

すでに見た過失責任は，加害者に結果回避義務違反があるか否かによって，被害者の損害を加害者が負担するか（結果回避義務違反がある場合），それとも，被害者の損害は被害者自身が負担するか（結果回避義務違反がない場合），を場合分けするものであった。前者のように，被害者に生じた損害を加害者が負担することを，**損害の内部化**という。

厳格責任は，結果回避義務違反の有無を問わずに損害を内部化させるという

違いがある。このように常に損害の内部化を行わせることによって，厳格責任は加害者に被害者の損害により生じる費用（**2 2**(1)のハンドの公式の⑤ⓒに対応）と自分の注意により生じる費用（ハンドの公式の②）を比較させ，これらを最小化させる行動を加害者に動機づけるものになる。

(2) ケースの検討

> **CASE**1-3
>
> 　先に **CASE** 1-1 として過失責任で見た交通事故の例を少し変更し，②加害者たる自動車運転手は速く走れば走るほど利益が得られる点は同じだが，①′どのようなスピードで走っていても，交通事故の損害を加害者が賠償しなければならないとしよう。つまり，賠償義務の設定にとって，①結果回避義務やその遵守に意味がないと仮定しよう。

　この場合，加害者は，②の仮定により，結果回避義務を守らずに速く走ることにより利益が得られるが，30km/h から 40km/h にスピードアップすることに比べて，100km/h から 110km/h にスピードアップしても得られる利益はそれほど大きくならないと考えられる（②の減少）。これに対し，速く走ることにより事故の可能性が増加し（⑤の増加），また，事故の重大性も増加する結果（ⓒの増加），①′の仮定により損害賠償により負担すべき費用は増加してしまう。加害者は結果回避義務に伴う費用（②）も，自己から生じる社会的費用（⑤×ⓒ）も，どちらも負担するため，これを最小化するポイントでの行動，つまり，ハンドの公式で示された結果回避義務を守る行動を動機づけられる。このように，パラメーターを加害者自身で比較して，社会的に費用・損害が最も少なくなるよう行動することが，加害者に動機づけられるわけである。

　CASE 1-3 の数値例だと，次のような計算結果になる。

	走行速度：30km/h	走行速度：40km/h	走行速度：50km/h
加害者の総利益	1 （走行利益 35 から損害期待値 34〔損害1000×確率 3.4％〕を引いたもの）	3 （走行利益 45 から損害期待値 42〔損害1000×確率 4.2％〕を引いたもの）	−5 （走行利益 50 から損害期待値 55〔損害1000×確率 5.5％〕を引いたもの）

ここでの加害者の総利益は社会的な総利益と一致するだけでなく，加害者は

利益が一番大きい 40km/h 走行に誘導される。

　なお，後の記述との関係で注目すべきは，過失責任の場合には走行速度が 40km/h から 50km/h になった際に利益が大きく減少していたのに，厳格責任ではそこまでの幅ではないことである。こうした特徴の差は，後に見る過大賠償・過小賠償の際の違いとして結実することになる（⇒**3**）。

2　厳格責任のメリット──ハンドの公式との比較で ●

　こうした考察からは，暫定的ながら，厳格責任に次の(1)〜(3)のメリットがあることを指摘できることになる。

(1)　裁判所が必要とする情報の少なさ

　1つは，裁判所が必要とする情報の少なさである。すなわち，一方で，過失責任では，結果回避義務の内容を確定するべくハンドの公式を適用するために多くの情報が裁判所に集められる必要があった。ここには，加害者のパラメーターであって被害者には必ずしも観察が容易でない ②**2**(1)の⒜のほか，被害者自身に生じた損害（事後的）というより加害行為からの損害期待値（事前的）を算定するために必要な⒝⒞も必要だった。これに対し，厳格責任では，こうしたパラメーターは裁判所が認定する必要がない。また他方で，結果回避義務の内容が確定できたとしても，結果回避義務に違反した行動を裁判所が認定できるという保障はない。過失責任ではこういった点の認定も必要だが，厳格責任では結果回避義務違反を問題としない以上，結果回避義務違反行為の有無を認定する必要もない。

(2)　注意水準のテーラーメード化が図りやすい

　関連したメリットとして，厳格責任では結果回避義務を加害者特有のパラメーターに即して加害者が決定できるという利点，すなわち，加害者個々人の状況に合わせて注意水準をテーラーメード化できるというメリットもある。たとえば，先に過失責任で例に出した制限速度の例だと，能力が高いためにスピードが速くても事故を起こしづらい者は，あるいは，スピードが速いことによってより多くの利益が得られる者は，一定の制限速度があってもこれを守ら

ずに速く走ることが社会的費用・損害を最小化する上では合理的である。しかし，過失責任だと，制限速度を守った場合と制限速度を守らなかった場合では損害賠償によって負担する費用に大きな違いが出てしまうので，制限速度を守ることが加害者には合理的となる。これに対し，厳格責任だと制限速度を守っても守らなくても責任が課されるので，制限速度を無理に守ろうとするインセンティブが過失責任の場合より弱くなる。そして，すでに見たように厳格責任では加害者は自ら計算して社会的に最適な行動をとるのだから，たとえば能力が高い者はより速く走ることによって，加害者個々人に合わせた社会的に最適な行動を動機づけることが厳格責任では可能になるのである。

▌(3) 派生的メリット▌

以上の派生的メリットとして，厳格責任では，過失責任の場合とは異なり，加害者の注意水準のみならず加害者の行動水準も効率化できるというメリットが述べられることがある。すなわち，裁判所により一定の水準を認定することが困難なパラメーターや，加害者自身で個別化して適正化すべきパラメーターがある場合に，裁判所が一定の基準を設定しなくても厳格責任では加害者自身のインセンティブで行動水準が適正化される。厳格責任では，加害者の行動水準につき，裁判所が適正な行動水準を設定できないか，あるいは，この適正な行動水準を加害者が遵守していなかったことを裁判所が認定できないか，どちらかが仮定されているわけである。

3　厳格責任の前提──裁判所の損害算定能力─────●

これだけ見ると，厳格責任は過失責任に比べてメリットの多い制度だと感じられる。裁判所の情報のみならず，加害者の自由という点でも過失責任に比べて過大な制約は受けず，むしろ，個々人の能力や事情に合わせて基準が設定できる以上，個人の尊重にもかなうように見える。しかし，日本をはじめ，多くの国では過失責任が原則とされており，厳格責任は個別法で分野を区切って導入することが多い。この理由は何か。

(1) 内部化させるべき損害の算定

以上の厳格責任を機能させるためには，過失責任の場合に比して，内部化させるべき損害を裁判所が正確に算定できることが重要となる。というのは，加害者に負担させる賠償額が，過小，または，過大になってしまうと，加害者の注意水準が過小，または，過大となってしまうからである。まず，現実にはあまりないだろうが，賠償額が過大となる例を見よう。

CASE 1-4

CASE 1-1・CASE 1-3と同様に制限速度40km/hの道路を考えよう。しかしここで追加条件として，賠償額がかりに実損の10倍に跳ね上がったとしよう。

この場合でも，過失責任なら40km/h制限を守っていれば賠償責任を課せられないので，40km/hで安心して走行できる。これに対して，厳格責任だと，かりに40km/h以下で走行していたとしても少しでも事故を起こすと，賠償額やそれにより負担する賠償費用額が跳ね上がってしまうため，非常に遅いスピードで走るか，あるいは，自動車を使うことを止めざるを得なくなる。

直観的にもわかるかもしれないが，計算結果を表にまとめておこう。

	走行速度：30km/h	走行速度：40km/h	走行速度：50km/h
過失責任での加害者の総利益	35 （無過失であって賠償義務がなく走行利益のみ）	45 （無過失であって賠償義務がなく走行利益のみ）	−500 （走行利益50から損害期待値55〔損害1000×確率5.5%〕の10倍を引いたもの）
厳格責任での加害者の総利益	−305 （走行利益35から損害期待値34〔損害1000×確率3.4%〕の10倍を引いたもの）	−375 （走行利益45から損害期待値42〔損害1000×確率4.2%〕の10倍を引いたもの）	−500 （走行利益50から損害期待値55〔損害1000×確率5.5%〕の10倍を引いたもの）

次に，過大な賠償より現実的な例として，賠償額が過小となる例を見よう（過小賠償の例は第2章6・第3章1を参照）。

　過失責任なら 40km/h を超えて走行した瞬間，損害賠償により負担する費用
額が跳ね上がることになるため，この場合でも注意義務を守って走行する方が
加害者の費用は少なくなることが多い。これに対し，厳格責任だと 40km/h 以
下で走行していても賠償義務を負うので，40km/h を超えた瞬間に賠償負担額
が跳ね上がるという過失責任のような現象がなく，したがって，こうした過小
賠償なら 40km/h を超えて走行するインセンティブが生じてしまう場面が出て
くる。

　このことも直観的にわかるかもしれないが，計算結果をまとめておこう。

	走行速度：30km/h	走行速度：40km/h	走行速度：50km/h
過失責任での加害者の総利益	35 （無過失であって賠償義務がなく走行利益のみ）	45 （無過失であって賠償義務がなく走行利益のみ）	39 （走行利益 50 から損害期待値 55〔損害1000×確率 5.5%〕の 5 分の 1 を引いたもの）
厳格責任での加害者の総利益	28.2 （走行利益 35 から損害期待値 34〔損害1000×確率 3.4%〕の 5 分の 1 を引いたもの）	36.6 （走行利益 45 から損害期待値 42〔損害1000×確率 4.2%〕の 5 分の 1 を引いたもの）	39 （走行利益 50 から損害期待値 55〔損害1000×確率 5.5%〕の 5 分の 1 を引いたもの）

(2)　因果関係の認定

　関連して，因果関係をどのように認定するのか，こういった点も厳格責任で
は重要となる。というのは，自分が生じさせたわけでない損害について賠償さ
せられるなら，上記の過大賠償の問題が生じてしまうからである。逆に，自分
が生じさせた損害について賠償を免れるなら，上記の過小賠償の問題が生じて
しまうからである。

さらに，以上の前提として，そもそも厳格責任を課される人を誰にするか，という問題もある。この点は，過失責任だと**最小費用回避者**（望ましい結果を最も低い費用でもたらせる人）の問題として，ハンドの公式と連続して語られることである。言い換えれば，厳格責任でも，最小費用回避者認定のためにハンドの公式を使わなければならない可能性があり，そうだとすると，厳格責任のメリットは減じられてしまう。たとえば，治療を要する人がいて，その人を助けられる人が2人いるとしよう。1人は医者で，もう1人は素人である。この場合，助けられる人すべてに賠償義務を課すことが効率的なのではない。最小費用回避者にこの義務を課すことが効率的であり，この場合，最小費用回避者は，医者であることは明らかである。そして，この場合は最小費用回避者が明らかだったが，例をさらに広げれば最小費用回避者が誰なのか容易にはわからないことも多い。したがって，厳格責任は，最小費用回避者が誰だかあらかじめ確定しやすい場面で使われることが多いのである。たとえば，自動車事故を扱う自動車損害賠償保障法のように，結果発生についての積極的加害者がいるという場面で，厳格責任は使われているのである。

4 予見可能性

ここまでは，過失の中心的な要件である結果回避義務とその違反を中心に，これを賠償責任の要件とするか否かによってどのような影響が生じるのか見てきた。これに対し，過失のもう1つの要件である予見可能性については，検討してこなかった。ここで扱うのは，この予見可能性の不存在が過失を否定する理由，および，そこから導かれる予見可能性が不必要となる場面である。

1 予見可能性の低さと賠償責任の否定─────────●

過失要件における予見可能性，特にこの低さにより責任を否定することの意味は，ハンドの公式に照らすと次の2つの観点が含まれているという。

(1) 結果回避義務の履行により損害発生の確率が低減する程度の矮小さ

1つは，結果回避義務違反により増加する損害発生の確率が，存在しないか取るに足らないか，どちらかの事例である可能性が高いということである。より厳密にいうと，次のようになる。すなわち，結果回避義務違反によってインセンティブをもたらす前提となっているのは，加害者にとっての賠償費用の期待値（損害の大きさと損害発生確率を掛け合わせたもの）よりも注意により生じる費用が潜在的加害者にとって小さいと感じられる場合には，注意をすることにより少ない注意費用で多額の賠償期待値を免れることができるから，注意が促されることにある。そして，加害者にとって賠償費用の期待値を算定するために使う損害発生確率となるのは，客観的確率ではなく加害者の認識である主観的確率である（たとえば，結婚するカップルの3組に1組は離婚するが〔離婚の客観的確率は3分の1〕，これから結婚しようとするカップルに離婚する確率を聞いても3分の1より大幅に低い確率を答えるだろう〔離婚の主観的確率はゼロに近い〕）。ここで，きわめて低い客観的確率しかない場面は加害者が主観的確率を割り振っていない場面と重なることが多いと考えられる。したがって，こうした場面につき責任を課しても潜在的加害者のインセンティブに影響を与えない，という論理をたどるのである。

(2) 結果回避義務を課すことによって犠牲にされる利益の大きさ

もう1つは，問題となっている損害発生についての情報に注目すると，結果回避義務を課した場合の費用面が大きくなる可能性があることである。より厳密にいうと，低い確率でしか生じない部分について責任を認めるなら，自分の行動の潜在的結果を調べるインセンティブに影響を与えることになり，この点の費用も過失判断のハンドの公式に組み入れる必要がある，ということである。

(3) 裁判例の紹介

たとえば，東京進出を予定していた事業者が必要資金を手に入れるための家屋処分につき，不当な仮処分申請でこの家屋処分が妨害された事例について，東京での土地購入が遅れたことによる追加費用が，特別損害で予見可能性がな

かったものとして民法 416 条 2 項の類推適用により賠償範囲に含められなかった事案がある（最判昭和 48・6・7 民集 27・6・681）。これは，(2)に関連する裁判例と評価できるだろう。つまり，仮処分の迅速性確保に重要な価値が置かれていることから，調査に大きな費用をかけるべきではないことを反映して，予見可能性，ひいては賠償範囲が限定されたものと考えることができる。

2　予見可能性の低い場面での賠償正当化————————●

以上の第 1 の理由付けのロジックからすれば，客観的確率が低くても一定の行動に未知のリスクが集積している場面では，この行動を敬遠させるために責任を課すことが考えられる。たとえば，弾丸が装てんされている銃を子供に渡す，という場面が，こうした未知のリスクが集積している場面にあたる。

第 2 の理由付けに注目すると，加害者に調査義務を課して注意義務などを適正化するべき場面では，予見可能性が低い場面でも，あるいは，そもそも予見可能性がない場面でも，賠償義務を課した方がよい。

不法行為法の因果関係と損害

　第 1 章では，不法行為法でなぜ過失責任が原則とされているのか，という問題を扱った。これに加えて，不法行為が成立し，効果が確定するためには不法行為の要件である因果関係や損害の問題を確定させる必要がある。

　ここ第 2 章では，この因果関係と損害の問題を扱う。つまり，損害の効率的な抑止をもたらす上でこういった要件がどのように影響してくるのか，これを明らかにするのが本章の目的である。

1　最適な損害の前提①　　⏩ 損害の内部化

　ここ第 **2** 章で扱うのは因果関係や損害だが，この理解の前提として第 **1** 章の内容を少し復習しておこう。

　第 **1** 章で前提とされていたのは，過失責任でも厳格責任でも，損害を内部化するという観点である。つまり，加害者は損害軽減のために一定の行動をとることにより，当該行動をとることによるデメリットが存在する一方で，当該行動をとることにより損害を軽減するというメリットが得られることが期待できる。このメリット・デメリットは被害者・加害者のそれぞれに生じるものであるが，最適さという社会的な効率性の最大化を目指すことを目的とした場合（こういった目的は第 **0** 章参照），こうしたメリットとデメリットの合計を最大化することが求められる。そして，過失責任ではメリットがデメリットを上回る場合のみ，また，厳格責任では常に，軽減できたはずの損害を賠償させることで，加害者を最適な損害軽減のために動機づけようとしていた。次の **CASE 2-1** で考えてみよう。

> ### CASE 2-1
>
> 　いったん副作用が発現すると 1000 の損害をもたらす一定の副作用のある医薬品につき，投与量を 1，2，3 と多くしていくごとに，治療効果は 15，25，30 と上昇していく一方で，副作用による損害発生確率は 1.3%，2.2%，3.1% と増加していく。つまり損害の期待値は 13（1000×1.3%），22（1000×2.2%），31（1000×3.1%）と増加していくと考えよう。また，加害者たる投与者（医者）は治療効果と同額の代金支払いを受けるとしよう。

　ここでは，医薬品の投与量を少なくすると治療効果が減退するという意味で副作用という損害を回避するための行動にはデメリットが伴う一方，投与量を少なくすると副作用による損害を軽減できるメリットがある。過失責任なら 3 の投与量の時に投与責任者である医者に損害賠償責任を課すことで，賠償責任を嫌う医者が 2 より多く当該医薬品を投与することを回避するインセンティブを与えることができる。ここでも簡単な数値例ではあるが，第 **1** 章とは違っ

た数値例の表で第1章と同じことが成り立っていることを確認しておこう。

	投与量：1	投与量：2	投与量：3
過失責任での加害者の総利益	15 （無過失で賠償義務がなく代金利益15のみ）	25 （無過失で賠償義務がなく代金利益25のみ）	−1 （過失がある結果，代金利益30から賠償額の期待値である31を引いたもの）
厳格責任での加害者の総利益	2 （代金利益15から賠償額の期待値13を引いたもの）	3 （代金利益25から賠償額の期待値22を引いたもの）	−1 （過失責任の場合と同じ）

最適な損害の前提② Ⅲ▶ 損害賠償の機能

ここで，損害賠償には，2つの機能がある。損害の抑止と保険の提供という機能である。

(1) 損 害 抑 止

損害の抑止という機能をまず見よう。第1章で焦点を当ててきたこの損害の抑止という観点からは，2つの前提が重要性を持つ。

(ⅰ) 期待値の内部化

第1に，すでに述べた損害の内部化であるが，それは加害行為時から見た期待値を内部化させることである。すなわち，不法行為法を通じて潜在的被害者に生じうる損害の期待値を負担しなければならないと，潜在的加害者に意識させることである。この損害の内部化機能は，損害の平均額を賠償させることでも実現されるが，実際に生じた損害を事後的に見てすべてを賠償させること（完全賠償）でも実現される。というのは，この事後的に見た完全賠償は，多くの事案が積みあがっていけば，事故が起こる前の潜在的な加害者にとってはこの平均値が意識されることになるからである。たとえば，先に 1 で見た CASE 2-1 をより現実に近づけると，損害の額は事後的に見れば被害者ごとにばらつきがある。だからこそ，同種の事案でも実際に発生した損害は1500のもの

もあれば，500 のものもあるかもしれない。しかし，同種の事案が多く起これば，どの被害者に対して事故を起こすかわからない加害者から見た加害行為時点の賠償額の期待値は，平均に近づいていく。こうした平均額に基づく期待値を前提として，たとえばハンドの公式を使う場合には（第1章参照），回避すべき損害額が計算されることになる。

(ii) 賠償請求のインセンティブ

第2に，損害賠償訴訟を通じて加害者に賠償を負担させるという金銭的なインセンティブを，被害者に与えることである。すなわち，過失責任にせよ，厳格責任にせよ，訴訟を通じて加害者に賠償が命じられなければ，損害抑止のためには機能しない。しかし，訴訟には時間や金銭的費用という，被害者にとって不利な側面もある。そこで，賠償を得られるというプラスの面を与えることで，被害者に損害賠償訴訟を行うインセンティブを与える機能が，損害賠償には認められることになる。

(2) 保険提供

次に，被害者に対する保険の提供という機能を見よう。ここでは，損害賠償が被害者に行われれば，被害者は損害保険金を得たのと同じ地位を得ることが注目される。その限りで，被害者はリスクから免れることになる。

3 事実的因果関係

以上を踏まえた上で，因果関係と損害の問題を見てみよう。因果関係と損害の問題は，民法上この整理の仕方に争いはあるものの，①過失と損害との間に一定の事実的なつながりが必要とされ（事実的因果関係），しかし，②この損害のうちの一部しか賠償されず（保護範囲），かつ，③こういった損害をどのように把握するか（金銭評価）という3つの段階があることが知られている。ここでは，この①から③に，法と経済学からどのような意味が与えられるのか見ていくことにしよう。

このうちまず，事実的因果関係はなぜ必要なのか見てみよう。つまり，あれ

（過失）なければこれ（損害）なし，という条件関係はなぜ必要なのか，という問題である。

(1) 事実的因果関係は不要？

❶で見たことからすれば，因果関係を問うことなく一定の損害を賠償させることで，最適な抑止を図るということも可能である。たとえば，❶で見た例で，同じ医者が患者 1000 人に 3 の量の医薬品を投与したとしよう。

一方で，副作用の発現が予期されるのはそのうち 31 人であり（1000 人×3.1％），この 31 人全員に 1000 の賠償をするなら合計賠償額は 31000 である（事実的因果関係を用いて被害が生じた者にのみ賠償）。

他方，損害発生の危険性がある患者全員たる 1000 人に損害の期待値 31（損害 1000×確率 3.1％）の賠償をさせた場合にも，合計賠償額は 31000 である（事実的因果関係を用いずに危険を高められた者全員に賠償）。このように，損害の期待値を潜在的被害者全員に賠償するとの方策を採用することで事実的因果関係の判断を回避する，ということである。

このように危険性が現実化した場合に限って賠償させる前者はなじみがあるものだが，危険性自体をすべて賠償させる後者の考えも，損害賠償の機能を抑止と考える限りは突飛な考えではない。たとえば，スピード違反を考えよう。スピード違反では，刑法でいう抽象的危険犯のように，潜在的な被害者全員の損害発生の確率や程度についての危険性を大きくしているとみることができる。また，刑法でいう具体的危険犯のように，事故の相手方たる被害者のみならず事故に遭いそうになった具体的な潜在的被害者との関係でも，損害発生の確率や程度について危険性を大きくしたとみることができる。こうした抽象的，あるいは，具体的なリスク増加部分全体について賠償させるならば，加害者が生み出した損害の期待値を内部化させることにつながる。

(2) 事実的因果関係を不要とすることによる問題

ただ，この危険性自体をすべて賠償させるという方法は，いくつかの問題点がある。まず，損害賠償訴訟を行う被害者が広がりすぎ，このために，制度運営費用が掛かりすぎることである（制度運営費用上昇問題）。また，抽象的危険

を問題とするなら，損害賠償額が小さくなりすぎて，被害者が訴訟を起こすインセンティブが過小になりやすい（訴訟インセンティブ過小問題）。さらに，具体的危険を問題とするなら，この具体的危険の到達基準についての認定困難という問題が生じてしまって，制度運営費用が上がるかもしれない（危険到達認定問題。たとえば，スピード違反の場合，周囲のどの範囲の人まで賠償を行えばよいのだろうか？）。

　このため，具体的な危険が及び，かつ，この危険が現実化した場合に限って，賠償を認める方がよい。この場合でも，損害の期待値は内部化されることになる。また，事実的因果関係は事後的判断だが，②で見たように事後的に見て事実的因果関係がある部分について賠償を認めると，潜在的加害者について平均的には損害の期待値を賠償させることにつながるため，①で見た損害の期待値の内部化にもつながることになる。このため事実的因果関係は必要なのである。

　ただし，危険が現実に及び，かつ，危険が現実化した場合にのみ賠償を認めるのだと，因果関係の立証の困難性という問題が生じることになる。この対処をどこかで考えておく必要がある。

4 保護範囲

　次に賠償されるべき損害の範囲として，いわゆる保護範囲の議論がある。つまり，結果回避義務によって保護しようとした範囲を超える損害については，かりに事実的因果関係があったとしても賠償の必要がない，とするものである。

(1) 過失再論

　この点は，過失の内実であった結果回避義務が持ち出されているように，過失判断の裏返しという側面が大きい判断である。すなわち，結果回避義務違反によって損害の期待値が，事前的に見て，つまり，行為時点から見て増加したとは言えない部分については，かりに事実的因果関係があるとしても，ハンドの公式に照らして抑止の観点から賠償させる意味がないから（ハンドの公式のうち，損害と関わる部分，つまり，ⓒ損害の重大性とⓑ損害発生の確率という部分，特に

⑥損害発生の確率について無関係な行為だったのだから），賠償させる必要がない，
とするわけである。

　この典型は，結果回避義務によって発生を阻止しようとした損害項目とは別
の損害項目が問題となっている場面である。

> **CASE 2-2**
>
> 　医学的適応性のある手術の危険性に関して説明が十分に果たされていれば手術に
> 同意しなかった場面で，説明義務が十分に果たされないまま手術に同意し，適式に
> 手術が行われたが，運悪く手術に内在する危険性が発現して生命侵害が生じたとし
> よう。

　この CASE 2-2 の場合，説明義務違反と死亡との間に条件関係としての因
果関係はある。しかし，説明義務と直接関係する自己決定権侵害を超えて生命
侵害についてまで帰責するべきか否かは争われている。こうした議論は，保護
範囲が問題となっているといえよう。そして，この保護範囲が問題となるのは，
説明義務によって引き下げようとした損害としては，生命侵害ではなく，自己
決定権侵害に伴う損害が想定されていることによるものであろう（たとえば，
乳房温存療法に関する説明義務違反が問題となった判例〔最判平成13・11・27民集
55・6・1154〕では，生命身体に対する危険性が増加したかどうかではなく，どのよう
な容貌で生きるかについての自己決定が問題となっている。かりに説明義務違反があり
乳房温存療法以外の術式を選択し，この術式の結果として死亡したとしても，事実的因
果関係はともかく，説明義務違反という過失が患者死亡の確率を高めたとは言えないだ
ろう）。つまり，結果回避義務を問題とする過失要件は，ハンドの公式に代表
されるように加害者に一定の行為を課すことにより損害を軽減できたかどうか
を問うものであるから，結果回避義務によって軽減されるわけではない損害は，
事実的因果関係があっても帰責されないわけである。

　結果回避義務によって保護しようとした損害項目と同じ損害項目が侵害され

る場合でも，ロジックは同じである。日常生活上の危険と呼ばれる例が，こうした保護範囲外の例に該当する。

> **CASE 2-3**
>
> 信号無視で交通事故を起こして被害者が病院に運び込まれたが，その病院が放火により全焼し，被害者が死亡したとしよう。

この CASE 2-3 の場合は，一方で，信号無視の禁止により保護しようとしている損害は生命身体に伴う損害などであり，この事故での死亡に伴う損害はこの中に包含されうる。他方，信号無視による交通事故は，行為時から見て放火による死亡の危険を高めるものではない。というのは，自宅その他の場所にいたとしても放火に遭遇する危険は同様に存在するからである。

5 金銭評価

因果関係とかかわる最後の問題として，損害の金銭評価がある。ここでは，②で見たように，損害賠償には抑止と保険という2つの機能があることを思い出すことが，その理解に有用である。

(1) 抑止の観点からの最適な賠償額

抑止の観点からは，生命侵害の逸失利益や物損の代価のような財産的損害のみならず，慰謝料によって実現される非財産的損害についてもすべて賠償させることが望ましいことになる。もっとも，2つの点に留意が必要である。

第1に留意が必要なのは，賠償してもらえるとわかった上で余計な支出を被害者が行った場合，あるいは，損害の軽減を被害者が怠った場合については，それらによって発生した費用は被害者が最小費用回避者に該当する費用だとして賠償範囲から除外するべきだということである。この操作は，賠償範囲確定や過失相殺という形で行われている。

第2に留意が必要なのは，抑止の観点からの完全賠償の額と実際の賠償額は異なりうることである。すなわち，一方で，この完全賠償額は，たとえば，人

身損害であれば数億から 10 億円ぐらいと見積もられている（人身売買の現場に赴いて価格を聞く……，というのではなく，炭鉱労働など生命に危険を及ぼす業務をしている場合に，学歴など他の条件をそろえた上でどの程度生命に対する危険の対価が支払われているかを統計的に算定し，そこから生命の対価としてどの程度の額を想定しているか推定する手法〔統計的生命価値〕が用いられている）。他方，実際の賠償額はこれよりも小さい。特に，財産的損害である逸失利益などの部分は完全賠償が目指される傾向があるのに対して，非財産的損害の賠償は謙抑的である。

　この第 2 の留意点について，1 つの説明方法となるのが，非財産的損害の算定困難である。すなわち，裁判所は保守的に損害額を算定する傾向があるところ，統計的調査や事故前年収など客観的に算定しやすい基準がある財産的損害とは異なり，非財産的損害にはこの確たる算定基準がない。上記の完全賠償額の箇所で見た非財産的損害を含めた生命の価値の算定も，かなりの幅があり，確実な方法としては使いづらい。

■ (2)　保険の観点からの最適な賠償額

　以上の第 2 の留意点についてもう 1 つの説明となるのが，②で見た損害賠償の保険的機能である。

　すなわち，非財産的損害について賠償を認めることは，ここに保険をかけさせるのと同じ機能を営むところ，こうした保険が望ましいかどうか，ということである。この点については説が分かれるものの，多数説の考え方によれば，非財産的損害について保険的機能からの賠償を認めることは望ましくないとされている。というのは，理論的には，たとえば，子供が死亡した場合にお金を持っていても親は以前のようには人生を楽しめなくなるように，非財産的損害が生じた後に同じお金から得られる満足は下がってしまうからである。また，経験的には，非財産的損害を対象とする保険はほとんど売られていないことが知られており，これは，非財産的損害の保険に対する保険料の支払いがこれによって支払われる保険金に見合っていないこと，すなわち，非財産的損害の保険は望ましくないことを指し示しているからである。

　よって，非財産的損害まで念頭に置いた場合，抑止の観点と保険の観点がズレてしまい，前者の観点からは過小な賠償に陥る可能性があることになる。

厳格責任と因果関係・損害論での難点

　以上の⑤のように，抑止の観点から見た効率的な金銭評価の点からは過小賠償の可能性がある。さらに，事実的因果関係は，立証が困難であることも，我が国における公害訴訟などで経験的に知られていることである。この点でも，②で見た抑止の点からは過小賠償の可能性が出てくる。

　こういった問題まで考慮すると，厳格責任の優位性はより一層疑わしくなる。

> **CASE 2-4**
>
> 　CASE 2-1と同様，いったん副作用が発現すると1000の損害をもたらす一定の副作用のある医薬品につき，投与量を1，2，3と多くしていくごとに，治療効果は15，25，30と上昇していく一方で，副作用による損害発生確率は1.3%，2.2%，3.1%と増加していく。つまり損害の期待値は13（1000×1.3%），22（1000×2.2%），31（1000×3.1%）と増加していくと考えよう。また，治療を受ける者は治療効果に対応する代金を投与者に支払うとしよう。これらへの追加条件として，CASE 2-1とは異なり賠償額は損害の半分である500になるとしよう。この結果，賠償額の期待値は損害の期待値と一致せず，6.5，11，15.5とそれぞれ半分になる。

（ⅰ）　**過失責任と過小賠償**

　一方で，過失責任であれば，過失ありだと賠償あり，過失なしだと賠償なしという形で，過失の有無で損害賠償の費用の期待値が大きく変わってしまうため，過小賠償の場合でも加害者には裁判所などにより設定された注意義務を遵守しようというインセンティブが働きやすい。たとえば，CASE 2-4だと投与者は投与量を1，2，3と増加させるごとに代金を15，25，30と受け取ることになるが，賠償の必要があるのは治療効果が損害の期待値を上回る投与量3のときだけである。この結果，投与者の利益は投与量1だと15（無過失で賠償なし），投与量2だと25（無過失で賠償なし），投与量3だと14.5（過失がある結果，賠償額の期待値である15.5を支払うことになる）となり，過小賠償でも投与量2に誘導される。

(ⅱ)　厳格責任と過小賠償

　他方これに対し，厳格責任では過小賠償は直ちに過小な注意へとつながってしまう。たとえば，CASE 2-4 での利益額はそれぞれ投与量1だと8.5（代金利益15−賠償額の期待値6.5），投与量2だと14（代金利益25−賠償額の期待値11），投与量3だと14.5（過失がある場合と同様）となり，投与量3に，つまり過小注意に誘導される。これらの結果を，表にまとめておこう。

	投与量：1	投与量：2	投与量：3
過失責任での加害者の総利益	15 （無過失で賠償義務がなく代金利益15のみ）	25 （無過失で賠償義務がなく代金利益25のみ）	14.5 （過失がある結果，代金利益30から賠償額の期待値15.5を引いたもの）
厳格責任での加害者の総利益	8.5 （代金利益15から賠償額の期待値6.5を引いたもの）	14 （代金利益25から賠償額の期待値11を引いたもの）	14.5 （過失責任の場合と同じ）

　厳格責任に優位性が認められやすい一方的注意の場面（加害者のみが損害発生の確率や程度を下げられる状態）ですら過失責任が原則とされているのは，こうした法の現実を反映したものとみることができる（なお，被害者も損害発生の確率や程度を下げられる双方的注意の状態は，第**3**章②で扱う）。

 7　確率的因果関係の可能性

　事実的因果関係や非財産的損害の点で過小賠償が生じうることを考えれば，事実的因果関係を用いずに危険を高められた者全員に賠償することを認めない方がよいとされる理由として挙げられていた弊害（⇒③(2)）がなければ，確率的賠償を認めることで過小賠償状態を緩和することが考えられる。

　1つの例が，生命侵害や重大な身体侵害についていわゆる「相当程度の可能性」の侵害を認めた裁判例である（最判平成12・9・22民集54・7・2574，最判平成15・11・11民集57・10・1466）。すなわち，生命侵害において過失がなければ死亡当時生存していた「相当程度の可能性」が立証されれば，一定の賠償を認

めるという判例が確立している。この場合には，全額の賠償でなくても被害者が賠償請求するインセンティブが十分に存在すると考えられ，また，危険の具体的な到達に関する認定の困難はあまりない。このため，通常型の事実的因果関係による賠償に加えて，こういった確率的因果関係による賠償が認められていると考えられる。

⑧　私的損害と社会的損害のズレ

　被害者の私的損害と社会的損害がズレる場合，不法行為法で最終的に賠償させるべきは，社会的損害である。というのは，社会的な損害の抑止による効率性の追求が，不法行為法の目的だからである。

(1)　賠償範囲の拡張

　一方で，この観点から，賠償権利者を直接の被害者のみならず間接被害者に拡張するべき場面がある。この中には，2つのものが含まれる。

(i)　直接の被害者以外への損害発生

　1つは，直接の被害者の私的損害を賠償するだけでは，社会的損害に照らして過小賠償となる場合である。典型は，契約の目的物や契約相手方を侵害することにより契約の履行に支障を生じさせる場面である。たとえば，電力会社の電線を誤って切って，顧客に営業損害を生じさせる場面である。この場合は，こうした顧客の損害を，不法行為加害者に賠償させることが正当化できる。

> **CASE 25**
>
> 　電力会社の電線を誤って切った結果，電力会社の電線の損失が 500，電力会社から電力が得られない結果として 10 の営業損害が生じた電力会社顧客が 100 人いた場合を考えよう。

　この場合，電力会社が 500 の賠償請求をするのみならず，電力会社顧客にも加害者への 10 ずつの賠償請求を認めるべきだ，とするわけである。ただし，直接被害者が間接被害者に負う債務不履行に基づく損害賠償債務に間接被害者

の損害がほぼすべて含まれており，かつ，この賠償義務が不法行為加害者から直接被害者への賠償対象となるなら，私的損害と社会的損害のズレは生じていないことになる。上記例だと，電力会社顧客に生じた10ずつの損害を，電力会社が債務不履行として顧客に賠償した場合には，電力会社がまとめて1500の賠償請求をすればよいということである。また，営業損害のような無形損害は損害が誇張される可能性があることや，間接被害者の損害は間接被害者自身の努力により軽減できる可能性もあることに注意が必要となる。

(ii) 損害の肩代わり

もう1つは，損害の肩代わりである。たとえば，保険のような契約上の義務のほか，近親者による契約上の義務を前提としない介護費用・見舞い費用の支出などがある。この場合は，直接被害者・間接被害者のどちらに賠償しても抑止効果は変わらないため，間接被害者も加害者に賠償請求できるとすることが考えられる。

(2) 賠償範囲の絞り込み

他方，この観点から，賠償範囲を絞り込むことも考えられる。

(i) 社会的に相殺される損害

典型例は，上場会社の関係書類の虚偽記載により，当該会社の株式について本来の価格より安すぎる価格で売ってしまった売主，または，高すぎる価格で買ってしまった買主が私的損害を被る場面である。ここでは，私的損害は社会的損害とは一致しない。というのは，私的損害は，本来より安く買えた買主の利益，あるいは，本来より高く売れた売主の利益により，一定程度相殺されるからである。

CASE 2-6

ある株式会社の株式を代表者Aの説明を信じてXはYから100で購入したものの，その後粉飾決算が明るみになり，株価は10まで落ちたとしよう。

Xの私的損害は90（購入額100−株価10）だが，Xが購入しなければその損害の全部または一部はYが被るはずだったものであり，むしろ，Yは高値で売り抜けることにより利益を得ている。このYの利益分が相殺される結果，

Y→X の売買では，社会的損害が 90 増加していることにならない。ここでの社会的損害としての非効率は，せいぜい，虚偽情報を信じたことによりパレート改善ではない取引がされてしまった可能性，および，開示制度の信頼が害されてしまうこと，これらに限定される。

　競合取引により履行不能を生じさせる場合も，こうした私的損害より社会的損害が少ない場面である（第6章 21 の二重譲渡の箇所の説明参照）。

(ii)　過大な賠償への対処

　こうした場面では私的損害を賠償させると過大賠償となるので，厳格責任だと過剰な注意を招く。また，過失の内容が不明確だと過失が認定されて損害賠償による費用が跳ね上がるリスクがあるところ，過大賠償だとこの弊害が大きくなる。このため，過失を明確な内容で定めづらいという場面では，責任を負う場面を明らかに帰責性がある場面に限定することで（害意・故意・重過失），弊害の緩和を図っている。

CHAPTER

第 **3** 章

不法行為の拡張問題

　ここまでの第 1 章・第 2 章では，不法行為の一般的問題として，過失の要否，因果関係の要否と損害の理解という問題を扱ってきた。過失の要否，因果関係の要否・損害の理解は，いずれも最適な注意を導く上で，相互に関係しつつ様々に影響してくることを見てきた。たとえば，因果関係のない損害について賠償を認めることや，賠償させるべき損害額を大きくしすぎることにより，過失を要しない責任である厳格責任では悪影響が生じうることを見てきた。

　これらに引き続くここ第 3 章では，一般的な不法行為の問題では扱いきれていなかった特殊な問題を扱う。ここでは，加害者の無資力，一方的注意と双方的注意の比較，加害者多数の問題，加害意図と賠償範囲拡張の問題を扱う。

1 加害者の無資力

まず，扱うのが加害者の無資力という問題である。つまり，これまでは加害者が損害賠償額をすべて支払えることを前提としてきたが，たとえば逸失利益賠償が数億円にもなりうる人身損害であれば賠償できないこともありうる。こうした無資力の条件を付け加えると，これまでの議論がどのような影響を受けるかを，ここで扱う。

(1) 無資力と注意水準への影響

加害者が無資力である場合，過失責任でも，厳格責任でも，注意水準には悪影響が生じうる。というのは，無資力ゆえに賠償責任が履行できないとすれば，その部分について加害者は自分の費用だと認識する必要がなく，過小賠償と同じ問題が生じてしまうためである。

> ### CASE 3-1
> 第1章と同様のスピード違反の例で考えよう。すなわち，30km/h・40km/h・50km/hで走ることにより加害者に生じる利益はそれぞれ35・45・50となり，1000の損害をもたらす事故の確率をそれぞれ3.4%，4.2%，5.5%と考えよう。

	走行速度：30km/h	走行速度：40km/h	走行速度：50km/h
加害者の走行利益	35	45	50
損害の期待値	34 (損害1000×確率3.4%)	42 (損害1000×確率4.2%)	55 (損害1000×確率5.5%)

ここでは，ハンドの公式を用いる場合，40km/hで走るのが最適であり，50km/hで走ると過失があると判断されることになる。そして，かりに厳格責任を負わせる場合，50km/hで走ると，一方で加害者がその走行から得られる利益は50となるものの，他方，損害賠償によって課される不利益は55（＝損害1000×確率5.5%）となると期待されるので，加害者は50km/hで走らないインセンティブを持つことになるはずである。

しかし，加害者の資力が 500 だとしたらどうなるだろうか。加害者が負う賠償額は最大で 500 となる結果として，50km/h で走った場合に損害賠償によって課される不利益は 27.5（＝損害賠償最大支払額 500×確率 5.5%）まで減少する。このようになると，50km/h で走る場合，走行から得られる利益の方が大きくなってしまう。したがって，損害賠償による抑止効果はうまく働かないことになる。

⑵　悪影響の緩和①──過失責任

　以上のような無資力の問題については，いくつかの対応策がある。

⑴　過失責任と無資力

　1つは，過小賠償問題の緩和策として議論してきた過失責任を選択することである。というのは，上記のスピード違反の例に現れているように，無資力は賠償額を事実上制限する効果があり，したがって，過小賠償と同じ効果をもたらすところ，過失責任は過小賠償への対抗策となるからである。

CASE 3-2

CASE 3-1 で，加害者の資力が 200 しかないとする。

	走行速度：30km/h	走行速度：40km/h	走行速度：50km/h
加害者の走行利益	35	45	50
資力 200 の場合の賠償額の期待値	6.8 （資力 200×確率 3.4%）	8.4 （資力 200×確率 4.2%）	11 （資力 200×確率 5.5%）

　過失責任を基礎にまず考えよう。この例では 40km/h を上回る走行が過失と評価されるところ，40km/h で走った場合の加害者の総利益は 45 なのに対し（走行利益 45−賠償額 0），50km/h で走った場合の加害者の総利益は 39 となる（走行利益 50−賠償額の期待値 11）。これに対し，厳格責任だと，40km/h で走った場合の加害者の総利益は 36.6 なのに対し（走行利益 45−賠償額の期待値 8.4），50km/h で走った場合の加害者の総利益は 39 となる（過失責任と同じ）。このように無資力という条件を加えると，厳格責任では最適な注意をした場合（40km/h 走行）より，そうではない場合（50km/h 走行）の方が，加害者の利益が大きくなり，最適でない行動が誘発される現象が生じうる。厳格責任では生

じていたこうした現象が，過失責任だと修正されている。

	走行速度：30km/h	走行速度：40km/h	走行速度：50km/h
過失責任での加害者利益	35 （無過失であって賠償義務がなく走行利益のみ）	45 （無過失であって賠償義務がなく走行利益のみ）	39 （走行利益 50 から賠償額の期待値 11〔資力 200×確率 5.5%〕を引いたもの）
厳格責任での加害者利益	28.2 （走行利益 35 から賠償額の期待値 6.8〔資力 200×確率 3.4%〕を引いたもの）	36.6 （走行利益 45 から賠償額の期待値 8.4〔資力 200×確率 4.2%〕を引いたもの）	39 （走行利益 50 から賠償額の期待値 11〔資力 200×確率 5.5%〕を引いたもの）

(ii)　過失責任の限界

ただし，過失責任化は極端な無資力には対応できないし，賠償額が多額になりがちな人身損害の場合には過失責任での対応能力を超えてしまう。

CASE 3-3

CASE 3-1 で，加害者の資力が 40 しかないとする。

	走行速度：30km/h	走行速度：40km/h	走行速度：50km/h
加害者の走行利益	35	45	50
資力 40 の場合の賠償額の期待値	1.36 （資力 40×確率 3.4%）	1.68 （資力 40×確率 4.2%）	2.2 （資力 40×確率 5.5%）

過失責任を基礎とすると，40km/h で走った場合の加害者の総利益は 45（走行利益 45 − 賠償額 0），50km/h で走った場合の加害者の総利益は 47.8 となる（走行利益 50 − 賠償額の期待値 2.2〔損害賠償最大支払額 40×5.5%〕）。この例では過失責任でも，加害者は 50km/h で走行するインセンティブが生じてしまうことになる。

なお，第2章では因果関係や損害把握による過小賠償の問題を論じたが，この無資力の問題が過小賠償という点で共通することに気づくなら，因果関係や損害把握により極端な過小賠償となる場面では過失責任も十分に機能しないことにも気づくはずである。

⑶ 悪影響の緩和②──保険

ⅰ 保険と無資力

別の対応策として，場面は限られているが，責任保険を利用することが考えられる。すなわち，加害者が責任保険に入り，また，注意義務に違反する行動について保険会社から加害者へのモニタリングと保険料変更によるサンクションを与えることで，加害者の無資力問題を招かない形で加害者の注意水準を最適化するサンクションを与え続けることができる。しかも，責任保険と過失責任を組み合わせた場合には，被保険者が無過失となるように注意水準を誘導すれば保険会社の支払額が大きく減ることになるので，保険会社には無過失へと誘導する強いインセンティブが生じることになる。

> **CASE 3-4**
>
> 過失責任を基礎として，上記のスピード違反の CASE 3-1 と同じ条件で再び考えよう。そして，40km/h までで走っている場合の保険料は 1 だが，スピード違反をすれば確実に判明しこの保険料は 10 に上がると仮定し，かつ，損害賠償は実質的に保険会社がすべて負担すると考えよう。

この場合，たとえ加害者の資力が 40 という極端に少ない状態でも，加害者に適切なインセンティブを与えることができる。すなわち，40km/h で走った場合の加害者の総利益は 44（走行利益 45 − 保険料 1），50km/h で走った場合の加害者の総利益は 40 となる（走行利益 50 − 保険料 10）。表にまとめておこう。

	走行速度：30km/h	走行速度：40km/h	走行速度：50km/h
加害者の総利益	34 （走行利益 35 から保険料 1 を引いたもの）	44 （走行利益 45 から保険料 1 を引いたもの）	40 （走行利益 50 からスピード違反で上昇した保険料 10 を引いたもの）

ⅱ 保険の限界

もちろん，CASE 3-4 で「スピード違反をすれば確実に判明し」という仮定は不合理に感じられるかもしれない。というのは，加害者を無過失に誘導して保険会社が得られる利益である賠償事故減少という利益との比較で，無過失

に誘導するための保険会社のモニタリングのコストがかかりすぎるからである。無過失に誘導することによる保険会社のメリットとの比較で，無過失に誘導するための保険会社のモニタリングの費用が小さくないと，機能しないのである。たとえば，モニタリングとして保険会社社員が常に監視していればこれが実現できるかもしれないが，費用の点で非現実的だろう。もっとも，交通事故を例にとると，人身事故に象徴されるように損害発生の確率や損害額が大きければ無過失誘導の利益が大きくなり，また，警察等による取り締まりや事故調査も併せればモニタリング費用は小さくなりうる。たとえば，自動車保険では保険料を決定するために等級制度が採用されており，交通違反等による取り締まりも等級の下落に影響するよう仕組まれている。こうしたポイントがあるからこそ，自動車保険はうまく機能している例だといえるだろう。

▌(4) 悪影響の緩和③——使用者責任 ▌

　別の似た方策として，使用者責任を利用することが考えられる。すなわち，使用者は無資力の可能性が高い被用者に代わって損害賠償義務を負担し，これを履行すれば被用者に対して被用者の過失割合に応じて求償権を取得することになり，この求償権やその他のモニタリングを通じて被用者の過失を最適化することが期待できる。

一方的注意と双方的注意

　これまでは，加害者だけが損害発生の確率や大きさに影響を与え得るような状況を想定してきた。これを，**一方的注意**という。
　これに対して，被害者もこうした点に影響を与え得るというのが通常の状況である。これを，**双方的注意**の状況という。以下では，この双方的注意の状況を見ていく。

1 双方的注意状況への対処────────────●

⑴ 被害者の注意

　過失責任なら，**過失相殺**がなかったとしても，被害者の注意は適正化できる。というのは，過失責任だと，加害者は注意義務を守るのが最適行動となり，この結果として加害者が賠償義務を負わないのが通常だと考えられるから，被害者は自らの損害を内部化することになり，したがって，被害者自身が自分の損害について厳格責任を負うのと同じ状況になるからである。

> ### CASE 3-5
>
> 　最初に掲げたスピード違反の CASE 3-1（加害者が 40km/h で走ることで費用が最小化され，この場合の損害額の期待値は 42）で，被害者が最適な注意として費用 5 を支払って注意すれば，損害額の期待値を 42 から 32 まで 10 引き下げられるとしよう（たとえば，被害者が日ごろから適切に対処していれば，1000 の損害が発生する確率を 3.2％まで引き下げられるとしよう）。

　この場合，加害者は無過失で運転するよう動機づけられるから，事故があっても加害者は損害賠償義務を負わず 42 の損害の期待値を被害者が負担することになる。この損害の期待値を，被害者は 5 の注意費用で 10 引き下げられるから，つまり，注意した方が多くの利益が得られるから，被害者は注意を動機づけられる。

　これに対し，厳格責任だと，過失相殺を行わないと被害者の注意が最適化されない。たとえば，上記と同じ例で考えると，加害者はこの場合も 40km/h で走る。ここで過失相殺がないと，被害者の損害はすべて賠償される一方で，被害者は注意費用を自己負担することになる。こうなると，注意しない場合（42 の損害が生じるが，賠償を受けるので差し引きゼロ）よりも，注意した場合（同様に損害が全部賠償されるが，被害者の注意費用 5 は被害者の自己負担であり，結果は−5）の方が，被害者にとって不利になる。これを防ぐために過失相殺をして，注意しなければ賠償額を被害者の注意費用以上に引き下げる（たとえば，被害者に対する賠償につき 5 割の過失相殺をすることで，注意しない場合の賠償の期待値を半分の 21 にする。この結果，42 の損害期待値のうち 21 は賠償されないから，被害者が注意を

しなかった結果は−21 となり，注意した場合の−5 を下回る）ことが考えられる。

┃ (2) 過失相殺を行った場合のデメリット ┃

　過失相殺を行った場合のデメリットとしては，被害者の過失の認定と，加害者の過失との割合認定という，裁判所への費用増加が生じることである。特にこのデメリットは，厳格責任のメリットを失わせてしまう。というのは，加害者・被害者の過失割合の認定のためには，厳格責任でも加害者にハンドの公式などを使って帰責性の割合を設定せざるを得なくなるからである。しかも，上記の CASE 3–5 では想定しなかったが，被害者の最適な注意が加害者の最適な注意に依存して決まるのだとすれば，過失相殺をするためには厳格責任の場合にも加害者の最適な注意に関する認定が裁判所に必要となる。このため，厳格責任のメリットが発揮される典型的な場面は，一方的注意の場面に限定される。

　なお，理論上は寄与過失（被害者に注意義務違反があれば，賠償義務が全くない）もありうる。また，過失相殺でも，寄与過失との組み合わせ型がありうる（被害者の注意義務違反が一定以上に及ぶ場合には賠償義務ゼロとなり，それ以下なら過失相殺を行う）。このいずれでも，たとえば，過失責任においての加害者・被害者双方の注意を最適化できるが，発展学習に属するため興味のある者だけ巻末の参考文献で学習されたい。

2　過失相殺の「過失」──────────●

　過失相殺は，理論上は，ハンドの公式と同様に被害者の結果回避義務違反を問題とする。つまり，被害者に過失責任を課すようなものとして想定されている。しかし，素因減責のように，厳格責任化している部分がある。つまり，素因減責では，身体的特徴は賠償額減額の対象とならない一方で（最判平成8・10・29民集50・9・2474），病気などにつき被害者に過失がなかったとしても過失相殺類推で賠償額が減額されることが認められている（最判平成8・10・29交民29・5・1272）。このように過失なしでも被害者が不利益を受けるという点で，被害者にとって一部厳格責任化しているのが素因減責である。このように，加害者より被害者の方が過失相殺の対象となる「過失」の内容について不利益に

判断されることにつき，何らかの説明は可能だろうか。

▌(1) 被害者の厳格責任の根拠

　代表的な説明は，上記のように，過失責任だと加害者が無過失となるよう行動するのが通常の状態であることを前提として，この場合は被害者が自分の損害について厳格責任を負担しなければならない以上，加害者に過失がある場合にも被害者に同様の損害軽減行動を求めるのが，よいと考えられることである。

　つまり，被害者としては，素因が他人の加害行為以外の原因で発現した場合，また，他人の加害行為で発現しても相手方に過失がなければ，自分が損失を負担しなければならない。こういった場面は加害者に過失がある場面よりもずっと多いだろうと考えられるから，そうした賠償責任を追及できない大多数の状況に合わせて自分の損害軽減行動を決めさせるのが，最小費用回避者という観点にかなうと考えられる（最小費用回避者は第 1 章参照）。そして，損害軽減の手段としては，注意義務や行動水準の設定のみならず，被害者がリスク回避傾向を持つとすれば，生命保険など自分で保険をかけることも考えられる。そこで，注意義務や行動水準を決めて損害を軽減し，あるいは，保険の有無による損害軽減を決定させるために，被害者に素因についての厳格責任を負わせていると考えられる。素因の大半はこの点から説明できよう。

▌(2) 誰が最小費用回避者か

　ただ，この説明は，被害回避の注意水準や行動水準，保険の有無の決定について被害者が最小費用回避者であることを前提とした説明である。これに対し，加害者が素因発現の回避について最小費用回避者となる場合には過失相殺が認められないことになろう。たとえば，長時間労働での自殺で，心因的素因による過失相殺が否定されているのは，この素因発現による損害の最小費用回避者が加害者であることに起因するのだろう。

　また，疾患と違い注意義務や行動水準で損害軽減が可能でない身体的特徴の素因減責が認められないのは，疾患とは異なり身体的特徴では被害者の保険による損害軽減が不可能であり，この意味で最小費用回避者でないことが考慮されているのだと考えられる。

　別の排他的でない説明として，次の予見可能性と関係するが，被害者自身が情報収集に関する最小費用回避者であるとして，情報収集義務を負わせるという意味があるのかもしれない。たとえば，疾患や心因的素因が一般には過失相殺対象とされているのは，健康診断やメンタルケアなどの項目になっていることから，この疾患自体や保険による自衛も含めて被害者がなすべきことについて被害者が情報収集することが求められていると見るべきなのかもしれない。

　これに対し，たとえば，首が長いなどの身体的特徴は，この特徴自体やこれによって何に気を付けたらよいのかについて，先に見たような自分で情報収集が期待される対象になっていないことから，予見可能性の拡張が正当化されないものとみることができよう。

3　加害者に故意がある場合の過失相殺の限定───────●

(1)　故意による不法行為

　過失相殺が認められない場面がある。この典型例の1つは，故意による不法行為である。つまり，被害者が損害の発生や拡大を防ぐべく注意すべき状況を含めて加害者の故意によって惹起されており，これらは加害者の行動一つで容易に回避できたのに，これをしなかった加害者が損害全体に関しての最小費用回避者とみられる，ということである。この場面は，加害者の一方的注意の場面に該当する。

　たとえば，故意による詐欺を考えると，①詐欺的取引による非効率，②加害者が被害作出行為のために費やす費用の非効率，③被害者が被害防止のために費やす費用の非効率があるが，①では加害者が利益を得るとしても被害者の不利益と相殺されるか被害者の不利益の方が大きい可能性があるほか，詐欺行為をやめさせると加害者は②の費用を節約でき，また，③の費用は②の行為により惹起されるものであるから，この②③の分析から加害者が一方的な最小費用回避者になるわけである（詳細なロジックは第8章参照。さらに，こうした場合は，賠償額増額により，正常型の取引に誘導することが望ましい）。

これに対し，加害者に過失があるだけの場合，③被害者の注意と，②′加害者の注意の両方が，被害防止のために必要になることが多い。これは，双方的注意が必要な場面なので，過失相殺となじみやすい。

3 加害者多数

別の発展問題として，加害者が多数いる場合の問題がある。つまり，共同不法行為責任（民法719条1項）をどうみるか，という問題である。

1 それぞれの過失と損害との間に事実的因果関係が立証できない場合──●

共同不法行為最大の問題は，事実的因果関係の問題をどのように処理するべきか，また，こうした処理はどのような理由で正当化されるのかという点である。というのは，多数の人間がかかわる不法行為の場合，事実的因果関係の立証が困難であることが多く，これによって，過小賠償となってしまうのと同様の問題が生じてしまうことになるからである。

> **CASE 3-6**
>
> 科学技術の発展状況に照らして排出すべきでないことが判明していた発がん性物質を，X_1 社，X_2 社，……，X_{10} 社の 10 社が放出していたとしよう。また，X_1 社，X_2 社，……，X_{10} 社のいずれかが原因でがんが発症したと判明している Y がいるとしよう。

ここで，事実的因果関係を前提とする限り，Y は X_1 社，X_2 社，……，X_{10} 社のいずれの発がん性物質が自分のがんの原因となったのか立証できなければ，賠償責任が全く発生しないことになる。この結果，X_1 社，X_2 社，……，X_{10} 社や，将来の同様の潜在的加害者は，自分の過失で損害が発生しても賠償責任を課せられないことを期待することになり，無過失行動をとるインセンティブが失われることになる（過小賠償が度を過ぎると，過失責任でも適切なインセンティ

ブをもたらせないと①でまとめたことを想起されたい）。また，賠償が得られないなら，Yが損害賠償請求をするインセンティブが失われよう。

　このように事実的因果関係がいわば絡まりあっている場合には，加害者すべてが免責されてしまい，加害行為の抑止という不法行為の機能が働かなくなる危険があるのである。

▍(1)　共同不法行為責任の正当化 ▍

　では，以上のような問題にどのように対処するべきだろうか。

　1つの考え方として，因果関係に関する情報破壊抑止，情報収集，情報提出に関するインセンティブを考えることができる。つまりここでは，事前的に見て自分の加害行為によって因果関係に関する情報が失われるのを防止するとともに（情報破壊防止），事後的に見て因果に関する情報を収集して裁判所に提出させるインセンティブを与えるために（情報収集・情報提出），他人の加害行為によって生じた部分についても責任を負わせる一方で寄与度減責の反証を認めることが考えられる。言い換えれば，このような責任が課されるならば，因果関係を不明確にするような行動をとらないインセンティブが加害者間に生じると考えられるわけである。特に，寄与度に応じた減責は，他人の因果関係が作用したことについての証拠を提出させるインセンティブを与える上で，重要な役割を果たすことになる。

　先の発がん性物質排出の例に立ち返ってみてみよう。X_1 社，X_2 社，……，X_{10} 社のいずれもが賠償責任を連帯して課せられ，例外的に自分が原因でないことや，自分が全部は寄与していないことが証明できれば減免責されるとしよう。この場合，X_1 社，X_2 社，……，X_{10} 社の各社は，自分以外の会社が責任を課せられるべき部分についての因果関係情報を破壊しないように努めるとともに，そういった情報があれば収集して裁判で自分の有利に用いるであろう。

▍(2)　義務を課すべき場面 ▍

　こうした義務を課すためには，情報の破壊防止・収集・提出などに関して加害者が最小費用回避者でなければならない。この最小費用回避者の判断には，加害行為の一体性，つまり，時間的・場所的に近接しており社会的に見て一体

の行為と考えられることが影響を与えると考えられる。というのは，そうした時間的・場所的近接性があってこそ，他人の因果に関しての情報を制御できる地位にあると考えられるからである。

　ひいては，加害者不明の不法行為での因果関係推定でも，時間的・場所的近接性が認めづらい場面では，加害者間の関係から加害者らが因果の情報の不明確性に関する最小費用回避者でない限りは，共同不法行為規定の適用を認めるべきでないとの結論が導かれよう。

2　それぞれの過失と損害との間に事実的因果関係が立証できる場合──●

　この場合には，事実的因果関係の立証が問題となっているわけではない。したがって，上記**1**と同じ意味での寄与度減責は問題とならない。

　むしろ問題なのは，加害者間の求償とこれが失敗する可能性である。すなわち，裁判費用を無視すれば，加害者間での求償を通じて，自分の寄与度に応じた責任が最終的には課されることになる。しかし，無資力の加害者が混じっているとそうはいかない。自分の寄与度を超えた責任が課される可能性が生じてしまう。そのため，過大賠償が生じる可能性がある。そして，過大賠償の問題は厳格責任でこそ深刻であるとすれば（第1章参照），厳格責任ではこの場合にも寄与度減責を認めた方がよいという可能性が生じてくる。

4 加害意図と賠償範囲拡張

　ここまでは，効率性の計算に入れられる個々人の利益の質は問題としてこなかった。経済学の議論では，計算に入れるかどうかの選別までは議論しないことが多い。

┃ (1)　算入すべきでない利益 ┃

　しかし，法学上は，加害から快を得る場合，あるいは，加害行為が選好に合致している場合，こうした快や選好充足が保護されるとは考え難い。たとえば，快楽殺人を考えると，通常の殺人よりも加害者の快や選好充足によって社会的

利益が増加しているから良いと考えるのではなく，むしろ，こうした快や選好充足は社会的利益としてカウントせず，積極的に抑止するべきだと考えられるわけである。よって，この快・選好充足を尊重しないばかりか，この者に快をはく奪するサンクション，あるいは，選好充足行動を抑止するだけのサンクションを与えて，こうした問題を防止することが正当化されうる。

今まで述べてきたこととの関係で，別の観点から述べると次のような状態が起こるということである。すなわち，民法では通常，損害賠償は被害者に生じた私的損害を賠償するものだとされている。しかし，一方で，これまで見てきたように，被害者の私的損害が社会的損害と一致しない場合には，社会的損害の方を考慮することが正当化される場面がある（第2章の⑧を参照）。他方ここでの問題は，私的損害と賠償額を一致させる必要はない点でそうした議論と共通するが，社会的損害のカウント方法として加害者の一定の利益を保護しないとともに，加害者の行動を抑止するためにこういった加害者利益をはく奪できるだけの賠償額を加算するべきだ，ということである。

⑵ 加害意図への対処

日本法で加害意図にサンクションが加えられる例としては，加害意図がある場面での不法行為責任の成立範囲を拡張すること（たとえば，宗教団体に対する批判は，加害意図がない限りは信者個々人に対する不法行為を成立させない〔最判平成11・3・25裁判所ウェブサイト〕，など），故意不法行為の賠償範囲を拡張すること（慰謝料増額について，特に，加害から快楽を得るとの悪しき意図がある場合）がある。

この延長で，ヘイトスピーチのように加害行為から加害者が満足を得る場面では，こうした加害の意図による満足が加害者の有利に働かないようにするべきである。つまり，加害者の利害得失の計算から除外するために，被害部分に加えて加害意図から満足を得ている部分も利益吐き出しという形で賠償させることが考えられよう（加害意図部分の利得吐き出し）。

所有権とこの権利に特有な請求権

　　第1章から第3章までは不法行為に基づく損害賠償制度について，この制度が法と経済学から見てどのように正当化できるかを問題としてきた。そこで一貫して注目してきたのは抑止という機能である。つまり，社会的に見てメリットよりデメリットが大きい行為をどのようにして抑止するのか，そのために損害賠償という法的効果はどのような機能を果たすのか，という点である。

　　ここ第4章から3章にわたって見ていくのも抑止の問題である。しかし，損害賠償とは別の法的効果を通じてこれを実現するという場面である。ここでは，抑止のためになぜ2つの制度が必要なのか，どのように機能分担するのか，ということが問題となる。

1 所有権ルールの可能性

　これまでに見てきたのが賠償責任ルールとでも呼べるとすれば，ここ第**4**章から見ていくのは所有権ルールである。ここではまず，この相互関係について確認し，コースの定理というこの賠償責任ルールと所有権ルールの選択を考える上での「実験室的な」ないし「思考実験的な」出発点についてみていこう。

(1) 所有権ルールと賠償責任ルールという選択肢

　以上述べてきた第**1**章から第**3**章までとここ第**4**章から第**6**章との関係を別の言葉で述べると，次のようになる。

　損害の抑止という点から見た場合，不法行為の効果として損害賠償が認められるだけでなく差止めが議論されていることに表れているように，第**1**章から第**3**章で見た損害賠償だけが解決手段ではない。損害賠償を通じた抑止を**賠償責任ルール**と呼ぶなら，この賠償責任ルールとの対比で，差止めを代表的効果とする**所有権ルール**というものを想定することができる。すなわち，加害者に損害賠償を求めて損害を内部化させてその行動変容を図るというやり方ではなく，加害者が加害行為を行わないように直接に請求するという方法である。不法行為法の教科書では差止請求権という形で，また，物権法では物権的請求権という形で議論されるのが，こうした所有権ルールの問題である。

(2) コースの定理

　この所有権ルールと賠償責任ルールの選択を考える上で基礎とされる重要な概念が，コースの定理と呼ばれるものである。

(i) コースの定理の内容

　コースの定理とは，契約締結の費用や裁判所での裁判費用・執行費用などを含めた**取引費用**が十分に低ければ，つまり，合意が低い費用で成立し，かつ，低い費用で執行可能なら，誰にどのような権利を割り当てていようとも効率的な抑止と同じ結果が取引によって実現される，というものである。短い言葉で

いえば，**取引費用**が低い世界では，**賠償責任ルール**と**所有権ルール**のいずれを選択しても，効率性という点からの結論は変わらないということである。

> **CASE 4-1**
>
> ある工場がばい煙を出しており，周辺住民に健康被害を生じさせているとしよう。そして，ばい煙防止装置を取り付けると，社会的に効率的な形で被害が抑止できるとしよう（工場操業利益：＋100，ばい煙防止装置設置費用：−20，ばい煙防止装置がない場合に被害者に生じる損害：−30）。

(ii) 賠償責任ルールを採用した場合

工場としては3つの選択肢がある。第1に，工場の操業を止める選択肢がある。この場合の工場側利益は0，被害者利益は0となる。第2に，工場を操業したままばい煙防止装置をつけて被害をゼロとする選択肢がある。この場合の工場側利益は80（＝100−20），被害者利益は0となる。第3に，工場を操業してばい煙防止装置をつけない選択肢がある。この場合の工場側利益は100，被害者利益は−30となる。表にまとめておこう。

	選択肢1： 工場操業断念	選択肢2： 工場操業＋ばい煙防止装置	選択肢3： 工場操業
工場側利益	0	80 （操業利益100からばい煙防止装置費用20を引く）	100 （操業利益100のみ）
被害者利益	0	0	−30

このように見ると，工場側は第3の選択肢を採用しそうである。

この場合に，加害者である工場に，被害者たる周辺住民への過失責任による賠償責任を認めたらどうなるか，つまり，賠償責任ルールを採用したらどうなるか。ここでは，**第1章**で見たように工場には，選択肢2のようにばい煙防止装置をつけるインセンティブが生じる。というのは，加害者としては賠償責任を負って30を支払うよりも（＝100−30），また，工場の操業を止めてしまうよりも（＝0），ばい煙防止装置を取り付けた方が安上がりとなるからである（＝100−20）。つまり，次のように表が変化する。

	選択肢1： 工場操業断念	選択肢2： 工場操業＋ばい煙防止装置	選択肢3： 工場操業
工場側利益	0	80 （操業利益100から ばい煙防止装置費用 20を引く）	70 （操業利益100から 被害者損害30を引 く）
被害者利益	0	0	0 （賠償で塡補）

(ⅲ) 所有権ルールを採用した場合

　では，被害者に工場操業差止めの権利を認めたらどうか。つまり，所有権ルールを採用したらどうなるか。この場合，一見すると上記第1の選択肢となりそうである。つまり，工場側も被害者も利益0となりそうである。しかし，そうではない。加害者は，ばい煙防止装置の取り付けを被害者に約束するとともに，＋a（これは，ばい煙防止装置をつけた後で工場に残される利益の一部である）の支払いを約束して被害者が差止請求権を行使しないように合意する（実質的には，加害者が被害者から差止めの権利を購入する）ことで工場の操業を続けることになる。というのは，このようにすると，工場側利益$80-a$，被害者利益aとなり，いずれの当事者の利益も第1の選択肢の利益を上回るからである。つまり，次の表のようになる。

	選択肢1： 工場操業断念	選択肢2： 工場操業 ＋ばい煙防止装置 ＋差止請求権買取	選択肢3： 工場操業＋差止め
工場側利益	0	$80-a$ （操業利益100から ばい煙防止装置費用 20と差止請求権の買 取代金aを引く）	0 （選択肢1と同じ）
被害者利益	0	a	0 （選択肢1と同じ）

（注：aは0より大きく，80より小さい範囲で当事者が定める）

　以上のように，取引費用が十分に低ければ，賠償責任ルールと所有権ルール

のいずれでも同じ結果をもたらせるという理論的帰結について争いはない。

(iv) ルール選択の無意味化

コースの定理はさらなる含意がある。つまり，コースの定理につきもっと厳密にいえば，賠償責任ルールと所有権ルールの選択のみならず，いかなる法的ルールを選んでも同様の結論となる，というものになる。たとえば，被害者に賠償責任ルールによる救済も所有権ルールによる救済も与えない場合も同様の結論となる。この場合，一見すると上記第3の選択肢を工場側は選びそうである。つまり，工場側利益は100，被害者利益は -30 となりそうである。しかし，被害者は β（被害額である30より小さく，かつ，ばい煙防止装置設置費用20より大きい額）を支払って，加害者にばい煙防止装置の設置を約束させ，この約束を履行させることになる。というのは，このようにすると，工場側利益は $80+\beta$，被害者利益は $-\beta$ となり，いずれの当事者の利益も第3の選択肢を上回るからである。これも表にしてみよう。

	選択肢1： 工場操業断念	選択肢2： 工場操業 ＋ばい煙防止装置 ＋設置約束	選択肢3： 工場操業
工場側利益	0	$80+\beta$ （操業利益100から ばい煙防止装置費用 20を引いて，被害者 から β の支払を受け る）	100
被害者利益	0	$-\beta$ （ばい煙防止装置を肩 代わりする費用とこ の設置を受け入れて もらう代金 β を支払 う）	-30

（注：β は20より大きく，30より小さい範囲で当事者が定める）

このようにどのようにルールを定めても，当事者が合意により別段のルール形成ができるなら，第2の選択肢やこの変形版が選ばれるわけである。以上のようにコースの定理は，**取引費用**が低いという一定の条件さえ満たされれば「ルール選択を無意味化する」という強い定理なのである。

所有権ルールが優位となる場面

　以上のように，コースの定理が成り立つならば，ルール選択は無意味である。賠償責任ルールを採用しても，所有権ルールを採用しても，当事者の交渉・合意・その履行を通じて同じく効率的な結果がもたらされる。

　しかし，法の現実としては，ルール選択は重要な問題である。特に，所有権ルールは賠償責任ルールよりも一般性の低いルールである。たとえば，民法の学習を進めていくと，返還請求権・妨害排除請求権を所有権以外にも拡張できるか，特に不動産賃借権に拡大できるかが，重要な問題であるとわかることになる。また，騒音などの公害に対して，判例は，損害賠償請求を認めるべき場面でも，差止請求権は認めない傾向がある。これらのように，所有権ルールの適用場面は限られている。

　では，賠償責任ルールで同じ結論がもたらせるのなら，そもそも所有権ルールはいらないという結論は取りえないだろうか。所有権ルールをすべてなくしてしまえば，上記のような所有権ルールが適用できる場面についての解釈問題が減らせるのではないか。

　この疑問に解答を与えるためには，所有権ルールが賠償責任ルールに対して優位性を発揮できる場面があるかどうかを考えるとよい。この場面の有無につき，次のような議論がある。

(1) 問題をコースの定理の単純な応用と理解する立場

(i) 取引費用の高さに注目

　最も伝統的には，所有権ルールが選択されるべき場面は，コースの定理が成り立つ場面だと考えられてきた。すなわち，取引費用が十分に低い場面ではコースの定理が成り立つ結果，差止めなど所有権ルールに沿った立場を採用したとしても，当事者間の取引で効率的な抑止と同じ結果がもたらせる。これに対し，賠償責任ルールを採用した場合，過失責任だと過失の認定問題が生じてしまうし，また，厳格責任なら過失認定問題は回避できても損害の算定問題が

生じてくる。たとえば，CASE 4-1 の工場ばい煙の例だと，被害者に生じる 30 という損害は，裁判所を含めた被害者以外の者にとって認定が困難であり，また，認定できるとしてもこの認定につき裁判に多くの費用が掛かってしまう。そこで，取引費用が高くコースの定理どおりのそうした取引ができない場面では賠償責任ルールが優位に立つが，そうでない取引費用が低い場面では所有権ルールが適用される，と説くわけである。

　ここで，取引費用が高くなる場面は多く存在するが，その代表例となるのは当事者が多い場面である。この当事者が多い場面では，ゲーム理論にいうチキンゲーム問題が背景として問題となる。

(ii)　**チキンゲーム問題**

　チキンゲーム問題とは，強硬な行動の採用が取引の妨げとなりうるにもかかわらず，これが自己利益を増大させる可能性がある場合に，強硬な態度をとるインセンティブが生じてしまう問題を指す。

CASE 4-2

　　工場のばい煙が問題となる地域で，そのまま操業すると工場は 1000 の利益が得られるが，100 人の住民に 1 人あたり健康被害として 15 の損害を発生させるおそれがあり，その損害抑止のためには住民各人が 3 の費用で家屋改造工事を行い，これにより 1 人あたりの損害を 5 まで下げられるとしよう。

　つまり，工場操業＋各住民の家屋改造工事なら，社会的には 200 の利益が得られ（1000〔利益〕－3×100〔100 人分の家屋改造費用〕－5×100〔100 人分の損害〕），これが最も効率的な行動だとしよう。そして，各住民には工場操業の差止請求権が認められるとしよう。この場合，工場が各住民と取引を行って，差止請求権を買い取る代わりに，8 以上を各住民に支払って家屋改造工事を行ってもらう取引が考えられる（家屋改造費用に 3 かかり，その場合にも住民 1 人あたり 5 の損害が残るのだから，最低でも 8 払わないと住民は納得しない）。そして，工場側が各住民 1 人あたりに支払えるのは，10 が限界である。というのは，住民 1 人あたり 10 より多くを支払うと，工場の操業利益を超えてしまい，工場を閉鎖した方がよくなるからである。

この場合，100人目の住民は，10という1人あたりの上限を超えて，109までの支払いを要求できる。というのは，これ以下なら，工場には利益が残るからである（操業利益1000－一人あたり支払額9×99人＝工場の残余利益109）。また，この支払いがなければ，工場操業の差止請求権は工場に譲らないと主張できるからである。こうしたことを予想すれば，自分が100人目になるように，住民各人は取引に応じなくなる，つまり，強硬な態度をとることになると予想される（チキンゲーム問題）。

(ⅲ) **日本法の状況**

日本法でも損害賠償請求権が認められる一方で差止請求権が認められない傾向にあったのは，空港騒音や道路騒音といった被害者が多数にわたる状況であった。この場合は，多くの被害者が誠実だとしても，上記チキンゲームにおける強硬派と同様の予想をする被害者が一定数いれば，チキンゲーム問題と同様の状況が引き起こされてしまう。そこで，判例の傾向として，差止請求権という所有権ルールをこの場合に排除するという処理が行われていると考えることができるわけである。

(2) 物理的側面に注目する立場

(ⅰ) **賠償責任ルールでの十分性と例外**

90年代以降の法と経済学の考察では，取引費用が低い場合にも賠償責任ルールの優位性を説く見解が有力化している。それによると，次のようになる。

決め手となるのは，必要な情報の少なさである。すなわち，⑦所有権ルールの効果は懲罰的損害賠償など賠償額を多くすれば達成できる分，所有権ルールと賠償責任ルールのいずれが効率的かは，どの程度の賠償額を適切とするかの問題に還元される。そして，⑦効率的な結果を導くためには，平均的損害の賠償を賠償責任ルールに沿って行えば足りる。また，⑦所有権ルールでは加害

者・被害者のどちらが優先権を持つかどうかを決めるためにどちらにとって価値が高いかを決定しなければならないところ，平均的損害を賠償額とする賠償責任ルールでは一方の，つまり，被害者側の，実損ではなく平均的な損害を決めればよいという意味で必要とする情報が少ない。したがって，例外的な状況を除けば，賠償責任ルールの方がよいとする。ここで，例外的な状況とは，平均的損害を賠償額とすると，ⓐ有体物については複数または相互的な侵奪が無限に生じるため，また，ⓑ（有体物の多くに当てはまるが）価値が両者で相互に相関する場面については過剰な侵奪を招くために，所有権ルールの方がよいと説く。

(ii) 賠償責任ルールの十分さ

⑦⑨を具体的に見るために，たとえば，所有権ルールの典型例である土地所有権の物権的請求権に照らして考えよう。

CASE 4-4

　土地の所有者にとってこれを保持する価値が 120，近傍の土地価格から推計される平均的価値が 100，侵奪者 1 にとっての価値が 110，侵奪者 2 にとっての価値が 90 だと考えよう。侵奪者 1 による侵奪も，侵奪者 2 による侵奪も，同様に非効率である。

　一方で，ここで賠償責任ルールを採用すると，侵奪者 2 は退けることができる。というのは，賠償額が平均的価値である 100 になるとすれば，土地の価値を 90 としか評価しない侵奪者 2 は，侵奪により利益を得られないからである。また，（後に述べるようにここは日本の現実のルールと違うのだが）所有者が侵奪者 1 の侵奪を物権的請求権で排除するためには，所有者にとっての価値と侵奪者 1 にとっての価値を比較する必要があるところ，この算定作業は裁判所などの外部の第三者にとって困難である（所有者にとっての価値・侵奪者にとっての価値は基本的にどちらも内心の問題であり，内心の問題は判断が難しい。たとえば，所有者がその土地に特別な思い入れがあったとしても，人はうそをつく可能性もある中で〔第**0**章参照〕，この内心の事情を立証するのは難しい）。さらに，取引費用が低い結果としてコースの定理が成り立つ状況なら，所有者は侵奪者 1 に対して，15 の支払いと引き換えに侵奪しないように約束させることで，賠償責任ルールでも

非効率が防げる（❶で見た選択肢2と同様，加害者にお金を払って一定の行動を約束させる，という選択肢である）。そして，取引費用が高い場合には，賠償責任ルールを採用すべきことにつき，(1)の伝統的立場と同様である。これらの結果，取引費用が低い場合にも，取引費用が高い場合にも，賠償責任ルールを採用すればよいのだと結論付けるわけである。

　ただし他方，この例だと賠償責任ルールの有用性には限界がある。というのは，上記の@の表れとして，侵奪者1と同様の価値観を持つ者がかりに2人現れると，所有者はそれぞれに15のわいろを払って撃退するよりも（＝120-15×2＝90），賠償責任ルールで賠償を受けた方が得となり（＝100），非効率な侵奪が生じてしまうからである。また，上記の⑥の表れとして，かりに侵奪者1が侵奪すると，その侵奪は「当該土地は平均的損害以上の価値がある」可能性を世間一般に向けて伝達する情報となってしまい，別の侵奪者が次々と生じる契機となってしまうからである。そして，こうした状況は有体物で現れやすいので，有体物にこそ所有権ルールが認められるべきだ，と説くわけである。

(3) 被害者情報への仮定の現実性に注目する立場

　これに対して，最近では再批判が有力化している。

(i) 必要な情報の内容への注目

　まず，ここで少し注意を要するのは，(2)㋐の部分からわかるように，伝統的見解に対する有力説の批判で前提となっているのは，所有権ルールの適用のためには問題となっている当事者双方の利益の衡量がその双方の使用方法に応じて必要だということである。しかし，この点には情報費用理論の立場から批判がある。

　すなわち，所有権ルールの典型である所有権は対世的な権利であること（相手方の未限定性），かつ，使用方法に限定がないこと（内容の未限定性），これらを考えれば，使用方法に応じた具体的な双方の利益を勘案して権利の割当てが行われているわけではない。権利の割当てがいったん行われれば，包括的な使用が所有権者に認められ，所有権ルールにのっとったその権利行使が排除されるのは，権利濫用など例外的状況に過ぎない。被害者の利益の方が加害者の利益よりも大きいかを判断するための情報の収集分析は，それ自体費用が掛かる

ため，こうした権利の割当てによる原則的処理と，被害者利益の方が明らかに小さい場面を要件とする権利濫用での例外的処理を行うことで，**情報費用**を節約しているのである。そして，こうした原則と例外の枠組みを前提として，具体的に表れた当事者双方にとってどのような使用方法が適当かは，当該双方の合意によって決めるという枠組みになっている。言い換えれば，(2)⑦で前提とされているような所有権ルールの適用に必要な情報の多さは，現実の法の状況に合致していない。このように見ると，(2)⑦を前提として賠償責任ルールの優位性を説く近時の学説に説得力があるかは，割り引いて考えた方がよさそうである。

(ii) 賠償責任ルールの不十分さ

むしろ賠償責任ルールでは被害者の価値算定や抑止という点から見た場合の過小賠償という問題がある。この点はすでに不法行為の損害論で見たところである。そして，こうした過小賠償は，後にもみるような投資インセンティブにとって悪影響がある。たとえば，**CASE 4-4** の土地侵奪の例で所有者にとって平均的価値 100 を上回る 120 の価値があるのは，一定の投資をして土地開発した結果や有力な買い手を見つけてきた結果かもしれない。しかし，有用な投資かどうか裁判所は判断できないから，賠償責任ルールだと過小賠償となる。この結果，平均的価値の賠償をデフォルトルールとしてしまうと，こうした有用な投資が行われなくなる。これに対し，所有権ルールで当事者の交渉にゆだねるなら，侵奪者は所有者が満足する額以上を支払わなければ侵奪できないことになる結果，所有者には 120 以上の価値が常に保障され，裁判所が有用性を判断できない投資に対しても保護を与えられる。情報費用理論は，裁判所がこうした有用な投資に関する情報をうまく捕まえられないことに注目して，この投資を保護するために所有権ルールを採用せよ，と説くわけである。

(iii) 取引費用が低い場合も所有権ルールでよい可能性

このように見ると，有力説ら賠償責任ルールの優位性を説く見解の説得力は，割り引いて考えた方がよい。つまり，有力説が言う(2)ⓐⓑの場合を代表とする紛争防止のための所有権ルールの機能はその通りかもしれないが，取引費用が低い場合は所有権ルールがよいという伝統的学説の主張に対する批判はそのまま受け入れなくてよいだろう。

⑷　以上の分析と法の現実

　以上の分析の意味を考えるために，法の現実を見ておく。

　法の現実としては所有権ルールによるものが多い。すなわち，損害額さえ支払えば加害行為が許される賠償責任ルールとの対比で，差止めや懲罰的損害賠償のように実損を支払う用意があっても一定の利用方法の行動抑止を認めるルールを所有権ルールとした場合，賠償責任ルールは①取引費用が高い場合（たとえば，交通事故のように潜在的加害者・潜在的被害者が多数にわたり，事前に取引をすることが不可能な場合），②チキンゲーム問題など戦略的な行動をとる余地がある場合（たとえば，大気汚染のように加害者・被害者がわかっているがこれらが多数にわたり，こうした状況が望ましくない戦略的行動を誘発する可能性がある場合），これらに限って認められているに過ぎない。このうち，②も取引費用が高くなる場面の一種と考えることはできる（①は取引相手方を発見し集めるコストに注目しているのに対して，②は①をクリアしても残る戦略的行動のコストに注目しているという違いであって，どちらも取引費用と呼ばれる）。このように見ると，取引費用が低い場合には所有権ルールが，取引費用が高い場合には賠償責任ルールが選択される，という現実がある。

　こうした法の現実は，上記⑴で見た伝統的学説や，⑶の最近の再批判説と合致するところが大きい。これに，上記⑵で見た有力説の言う紛争防止という機能を付け加えてみるべきだろう。

３　所有権の意味と限界

　以上を下敷きにして，所有権ルールの典型的適用場面である所有権についてその意味と限界を見てみよう。

⑴　所有権の機能

　以上の所有権ルールに関する考察の意味を踏まえつつ，所有権の機能をまとめると次のようになろう。

（i）　**自由譲渡性と使用収益権による価値取得**

　所有権の意味は，その法的な効力に即して，次のように分解して理解できる。まず，前提として，自由譲渡性と使用収益権を通じて所有者は物の価値を取得できる。この自由譲渡性は，取引を可能にしてパレート改善をもたらすという効率性がある。つまり，資源配分の効率性達成である。また，自由譲渡性の機能としては，われわれが必要な物を専門的に低費用で生産する者から購入しつつ生活していることに表れているように，分業を可能にすることによる効率性がある。次に使用収益権である。この使用収益権は，使用収益から得られる果実（自分で使うことのみならず，他人に賃貸した結果である賃料なども含む）のために適切な努力・費用を所有者が投じるインセンティブを与えることに資する結果，効率性に資する。もっとも，この使用収益権の部分は，賃借権，永小作権など別人に与えることも可能である。

（ii）　**物権的請求権の機能**

　こうした譲渡や利用権設定といった取引を行う権利を通した価値取得を保全するため，所有権ルールの本質部分として，物権的請求権として占有や妨害を排除する権能を有する。この物権的請求権は，②(2)で見たように①紛争防止に役立ち，物の防衛や奪取の努力を回避させるという効率性にもつながる（紛争予防機能）。また，物権的請求権は，物の保護を通じて，②所有者にその物の価値を帰属させることを保障し，その価値の維持・向上の適切なインセンティブを与える点で，効率性に資する（価値保障機能。しかも，こうして維・向上した価値は，使用収益権という形により自分で使わなくなっても，次の③との関連で自由譲渡性を通じて対価という形で保障される。この将来の対価という利益が見込めることから，価値維持・価値向上の適切なインセンティブが補強される）。こうした価値保障は，さらに言えば，③その所有者との合意がなければ所有権を奪えないとすることによって，当該所有権に対して所有者が持つ主観的価値をも保障する取引へ誘導する意味を持つ（取引誘導機能）。この意味で，パレート改善となる取引へと誘導するという機能があるといえるだけでなく，不法行為の箇所で見たように賠償責任ルールでは過小賠償傾向があるとすればこの③の機能は重要な意味を持つ。さらに，この③の機能は，先に②(3)で見た情報費用理論が注目していたように，被害者にとって保障されるべき適正な価値を算定する費用を節

約することにつながる。

(2) 所有権の限界

上記のように，物権的請求権が，①紛争予防，②価値保障，③取引誘導という意味を持つとすれば，誘導される取引やそれによる価値保障が不当な場合，また，紛争予防という趣旨に反する使い方をする場合には，これを認めるべきでないことになろう。

たとえば，宇奈月温泉事件で，権利濫用により物権的請求権が排除されたのは，このような観点から説明できよう。宇奈月温泉事件（大判昭和10・10・5民集14・1965）は，温泉地への引湯管がある土地を横切ってしまったところ，この土地の所有者から別の者が当該土地を買い取り，別の無価値な土地と併せて高額で売却しようとした事件である。ここでは，無価値な隣地の買い取りをも要求するという意味で，不当に価値を奪い取るために正当な取引を拒絶している（②や③の点への抵触）。また，交渉材料のためにわざわざ土地を買い取るという行動が紛争の原因となっている（①の点への抵触）。こうした意味で，物権的請求権を保障した趣旨に反する事案である。したがって，物権的請求権の内在的制約として，権利濫用で処理されたのだ，とみることができる。

第5章

所有権の分割

　第 **4** 章では賠償責任ルールと対比する所有権ルールの意義，ひいては，所有権の意義と限界について見てきた。次にこの第 **5** 章で見ていくのは，所有権を分割することの意義である。つまり，所有権には使用・収益・処分権能があるところ，この一部権能を第三者に与えることができる。また，所有権は共有可能である。

　こうした法制度が置かれているのはなぜなのか，また，ここにはどのようなメリットとデメリットがありここから来る限界はないのか，特に民法上で物権法定主義が定められているのはこうした分割の限界と関係がないのか，こういった点がこの第 **5** 章で扱う中心的なテーマとなる。

1 所有権分割総論

第4章では所有権を扱った。所有権は使用収益権と自由譲渡性（処分権）について，様々に分割された形で存在する。問題は，こうした所有権の分割にはどのようなメリット・デメリットがあり，そのメリットを伸ばしてデメリットを縮減させるために法は何ができるのか，ということである。

1 所有権分割の概要 ─────────────────●

まず，分割のメリット・デメリットという本論に移る前に，所有権の分割という概念を整理しておこう。所有権の分割には，次の2つがありうる。

第1に，機能的分割である。たとえば，用益物権など同じ物への使用収益権の分割がある。第2に，人的分割がある。たとえば，共有のように多数当事者が同じ物へのステークホルダーになる場合がある。

少し留意が必要なのは，法と経済学のテキストでは，機能的分割につき，厳密には物権とは言い難い賃借権も連続的に議論されることである。特に，日本法上は，不動産賃借権の一部には簡易な対抗要件具備方法が認められて実質的に物権化しているので（借地借家法10条，31条），以下の記述ではこの点も含めて検討する。

2 分割のメリット・デメリット ──────────●

こうした分割が認められ，また，限界が設けられているのは，メリット・デメリットが存在するからだろうと考えられる。そこで，以下では，メリットとデメリットを見ていく。

(1) 分割のメリット──権利内容の柔軟性の確保

まず一方で，所有権の分割には，メリットがある。つまり，当事者の合意によってこれが行われる場面では，原則として，両当事者の選好が充足されたと考えることが可能であり，したがって，パレート改善の意味で効率性を達成し

たと見やすいことである（合意が選好を充足する点につき第**4**章のコースの定理の箇所，第**7**章のパレート改善の箇所を参照）。また，所有権の機能である自由譲渡性，使用収益権を補完する意味もある。

たとえば，機能的分割の一種である賃貸借を見ると，貸主と借主で合意が成立するのは，貸主にとっては自ら使用収益するより賃料を受け取る方が，また，借主にとっては賃料を支払うより自ら使用収益する方が，それぞれ価値が高いからである。この意味でパレート改善となる。そして，こうして賃借権を設定することで，所有者は賃料を受け取って使用収益権を具体化できるのみならず，所有権の一側面を自由譲渡したのと同じ機能を果たさせることができる。

以上を別の言葉で言い換えれば，所有権の分割は，権利内容の柔軟性を確保して最適といえる資源分配に近づける機能があるといえる。所有権の機能のすべては自分に必要ないが，その一部であればほしいという人が複数いる場合に，そういった当事者のニーズに合わせて権利を分割して取引を行わせることを可能にしているわけである。

▋ (2)　分割のデメリット①──利用インセンティブ低下 ▋

他方，デメリットもある。

第1に，事情変更などによる権利利用インセンティブの低下である（利用インセンティブ低下問題）。つまり，使用収益権という形で細分化された権利は，所有権に比べて規模が小さいものとなりうるので，その利用から得られる利益が費用を下回って有効活用されなくなるおそれがあることである。

先の賃借権の例だと，現実の使用収益権と残余価値に対する権利が賃借人と賃貸人に分属することになる。その結果，投資のリターンが賃借人と賃貸人に分割されてしまうため，社会的に有用な投資でも行われない可能性が出てくる。たとえば，所有者であれば行うはずの修繕を，賃貸人も賃借人もそのままでは行いたがらない，という状況が生じうる。

▋ (3)　分割のデメリット②──調整 ▋

第2に，権利者相互の調整問題が生じることである（調整問題）。つまり，たとえば，同じ時間帯に同じ土地を利用することができる権利を設定すると，使

用収益権者相互の調整が必要となる。この調整問題を深く考えるためには，次の外部性問題を考える必要があるので，まずはそれを見ていこう。

⑷　分割のデメリット③──外部性

　第3に，権利者による負の外部性（第三者への損害）が生じることである（外部性問題）。つまり，たとえば，住宅地の使用収益権を行使する際に，短期的に問題がなくても長期的には土壌汚染を引き起こしかねないような除草剤等を用いて，所有権者やその他の第三者に害を与えてしまうかもしれない。こうした負の外部性による問題への対処は不法行為法によることも考えられる。

⑴　外部性がもたらす問題の一例・囚人のジレンマ

　ただ，負の外部性の問題は，こうした不法行為法での対処が容易なものに限られない。すなわち，一方で，「共有地の悲劇 Tragedy of the Commons」は，よく知られている。この問題は抽象化すれば，私的な利益を得る活動が，他の者にも不利益を及ぼすことで，囚人のジレンマの状況（⇒第 **13** 章 **1** **2** ⑴）を生み出すことが特徴である。

CASE 5-1

　共有地である牧草地での放牧を考えよう。そして，各私人は放牧による利益を個人で収受できるのに対して，放牧がもたらす牧草地への損害は自分だけでなく他者も負担することになる。数値例で表してみよう。放牧主体として X_1 と X_2 がいて，それぞれ「適量放牧」と「過放牧」の2つの選択肢を持つとする。そして，「適量放牧」と「過放牧」の利益はそれぞれ5と15だが，一方が「過放牧」を選ぶと土地がやせる結果としてそれぞれ−9の損失を被り，両方過放牧だとさらに土地が破壊されそれぞれが−16の不利益を被るとしよう。

	X_1：適量放牧	X_1：過放牧
X_2：適量放牧	X_1 利益：5 X_2 利益：5	X_1 利益：6 X_2 利益：−4
X_2：過放牧	X_1 利益：−4 X_2 利益：6	X_1 利益：−1 X_2 利益：−1

　ここでは，両者が「適量放牧」を選んだ場合が一番効率的であり（X_1：5，X_2：5），逆に両者ともに「過放牧」をした場合に一番利益が小さくなる（X_1：

-1，X_2：-1）。この場合，X_2 が「適量放牧」・「過放牧」のいずれを選んでも，X_1 は「過放牧」を選ぶ方が大きい利益となる。というのは，かりにまず X_2 が「適量放牧」を選んでいるなら，X_1 は「適量放牧」で5，「過放牧」で6（＝15－9）の利益を得られるからである。また，X_2 が「過放牧」を選んでいるなら，X_1 は「適量放牧」で－4（＝5－9），「過放牧」で－1（＝15－16）の利益となるからである。X_2 もこのように考える結果，放牧地を破滅させてしまって，結局は非効率な過放牧へと導かれる。そして，こうした問題は何も牧草地のような共有地に限られるわけではなく，むしろ，利益が個人所有，不利益が共有という状態になっていればどの場面でも生じる。たとえば，大気汚染も，広い意味での共有地の悲劇という問題である（工場操業で大気汚染が起こる例を考えると，この大気汚染をもたらす工場操業の利益は工場に帰するのに対し，大気汚染の不利益は工場のみならず人々一般に分散することになる。大気は人々に「共有」されているわけではないが，「共有地の悲劇」は「共有」されていないものにも生じるのである）。

こうした問題を解決する方法としては，2つの方法がある。

(ii) 協力の強制

1つ目は，協力の強制という方法である。ただし，上記放牧地の例だと，放牧できる最大量を各個人に設定することである。ただ，この方法だと，何が最適な行動なのかについて，規制を行う者が知っている必要がある。

(iii) インセンティブ構造の改善

そのため，2つ目の方法として，私人のインセンティブにゆだねる，具体的には不利益を利益享受者に内部化させる方法がある。この2つ目の方法は，比喩的にいえば，利益と不利益の所有構造をできる限り一致させることである。すなわち，上記放牧地の例であれば，共有地を分割して不利益を個人所有にするか，あるいは，放牧活動を共同化して利益を共有にするか，こうした方法が採用されることになる（もちろん，完全には一致しない。たとえば，利益や不利益を個人に完全にとどめることは，大気汚染の例のように様々な外部性が存在しうる以上は不可能である。また，利益・不利益の共有についても，肉体や労働のように個人から奪い得ない部分がある以上は，同様に不可能な部分がある。なお，不法行為制度も，利益と不利益の主体を一致させる手段だが，所有構造以外の方法を用いる点が異なる）。ただ，こうした2つ目の方法による所有構造の変化は，「反共有地の悲劇

Tragedy of the Anticommons（なお，Anticommons は Commons から生まれた人工語である）」という新しい問題をもたらす。すなわち，利益や不利益の所有構造の変化をもたらすために，利害関係人から同意を得る必要があるのだとしたら，チキンゲーム問題として議論されているように同意をしないという脅しによる駆け引きが可能になる（第 **4** 章で見たように，チキンゲーム問題は，利害関係人が多くなり，かつ，所有権ルールが採用されている場合に起こる問題である）。

そして，こうした駆け引きは，全員にとって利益となる形でも同意が成立しないという問題をもたらす。前述した調整問題は，こうした問題である。逆に，同意を得なくてよいという方法を考えることもできるが，所有権ルールと賠償責任ルールの対立として議論されているように，所有権ルールから賠償責任ルールへ転換することはそれ自体問題をもたらしうる（第 **4** 章参照）。

⑸　分割のデメリット④──情報費用

第 4 に，潜在的買主による情報の収集・分析の費用増加が生じるという問題である（情報費用問題）。つまり，権利の分割は一定の負担が付着した権利を生み出すところ，負担付権利を取得することを避けるために，潜在的買主は情報を集めてこれを分析する費用がかかる。

なお，この第 1 の問題は，後述のように第 1 から第 3 の問題とは区別されて論じられることが多い。というのは，第 1 から第 3 が分割に固有の問題であるのに対して，第 4 は会社など公示制度との補完関係を考える場面一般について使われる議論だからである。また，第 1 から第 3 が所有権の機能とそれぞれ直接関係しているのに対して（第 1 は自由譲渡性や使用収益権の機能不全，第 2・第 3 は所有権ルールを採用することによる外部性の合意による処理の障害），第 4 は所有権の機能全体を前提として新たに生じてきた観点だからである。

3　分割された権利の自由譲渡性に伴うメリット・デメリット──●

分割された権利には自由譲渡性のあるものと制限を受けるものがある。

⑴　自由譲渡性のメリット

譲渡可能性を認めることは，第 **4** 章 3 ⑴の所有権の自由譲渡性と同じメ

リットがある。すなわち，資源の効率的配分，分業可能性の促進，投資回収可能性を付与することによる使用収益権の価値維持・価値向上のインセンティブ付与，といった意味がある。

(2) 自由譲渡性のデメリット

他方，デメリットもある。先に述べた分割自体のデメリットのほか，別の1つのデメリットは，分割された権利者がその権利を譲渡する適切なインセンティブを持たないことにより，価値維持・価値向上にとって困った人が譲受人になるという可能性である。すなわち，たとえば，家屋の賃貸で，賃借権譲受人が喫煙者なら壁紙などの傷みがひどくなるかもしれないし，また，賃借権譲受人が全く見知らぬ人になることにより監視・監督が困難になるかもしれない。これに対する民法の対処としては，価値維持・価値向上の義務を課したり（賃借人であれば用法遵守義務〔民法616条，594条1項〕，賃貸人であれば修繕義務〔民法606条1項〕など），あるいは，譲渡自体に制限を掛けて負の外部性の影響を受ける使用収益権設定者の同意を必要としたり（民法612条），譲渡自体への裁判所の関与を必要としたり（借地借家法19条）している。特に，不動産賃借権は譲渡を認めることによるメリットも大きいので，デメリットと調整させるように民法は設計されている。

物権法定主義

所有権の分割を特徴づけるのは，物権法定主義である。すなわち，当事者の合意に完全にゆだねられておらず，できることが限定されている。

(1) 物権法定主義の存在理由としての2つの説

物権法定主義は，前述した権利の分割に伴うデメリットへの対処という意味がある。すなわち，ⓐ潜在的買主の情報費用のデメリット（情報費用問題）の低減や，ⓑ権利関係細分化自体からのデメリット（利用インセンティブ低下問題，調整問題，外部性問題）の防止の意味がある。

この@と⑥のうち，どちらを重視するかは，説が分かれ得る。

⑵　潜在的買主の情報費用のデメリットは重要か？

まず，@について見よう。

一方で，@は公示や公信の問題に吸収できる部分がある。この結果，物権法定主義の廃止と併せて，登記制度など公示を充実させれば，問題は生じないと見ることもできる。

他方，@については，重要だと考えるべきいくつかの理由がある。

(ⅰ)　調査費用の低減

第1に，上記公示・公信の問題と関係して，物権法定主義により権利の種類や内容に制約を課すことで第三者が調べないといけない範囲を絞り込むことにより，公示がある場合でも物権法定主義はメリットをもたらすことができる（言い換えると，公示は，物権法定主義の単なる代替ではなく，補完関係にある）。つまり，物権の種類や内容があらかじめ限定されていれば，登記など公示について調べる量が限定され，情報費用が減らせるというわけである。そして，こうした種類や内容の絞り込みにより情報費用を減らすという観点は，会社など法人法の強行法規性を語る際にも使われるロジックであり，有力で有効なロジックの1つである。

(ⅱ)　組み合わせによる柔軟化

第2に，物権法定主義という定型化により柔軟性が失われることになるが，会社や信託などの組み合わせでほとんどのニーズには応えることができる。むしろ，定型化がレゴのようなモジュール化をもたらすことによってこの組み合わせをしやすくするというメリットも認められるとされている（レゴは少数の種類のブロックだが，その組み合わせにより多くの形を作ることができる。物権も，かりにモジュール化されると契約内容自由という分割のメリットが一部享受できなくなるが，その組み合わせで自由取引に近いことが行えるということである）。

⑶　権利関係細分化自体からのデメリットは重要か？

次に⑥を見よう。⑥の点も，一見して物権法定主義を支える有効な理由となりそうである。しかし，⑥の問題は，共有や土地細分化などでも生じる問題で

あり，物権法定主義で対処するべきなのか，疑わしいとされている。しかも，すでに述べたように賃貸借でも同様の問題が生じるところ，賃貸借では原則として契約自由が認められている。そう考えると，ⓑは副次的根拠と考えるべきだろう。

(4) 主たる理由が情報費用にあると考えると……

このように物権法定主義の意味が主として@にあるのだと考えるなら，情報に関する問題さえ生じないなら新たな物権の創設に関して慎重である必要はなくなる。たとえば，譲渡担保は，慣習や判例準則などにより権利内容が明確となっていることを考えれば，情報費用に関する深刻な問題を生じづらく，これを認めて差し支えないとの判断になるのだろうと思われる。

3 共 有

次に，共有を見よう。共有でもその規律の意味を考えるにあたっては，@潜在的買主の情報費用のデメリット（情報費用問題）の低減や，ⓑ権利関係細分化自体からのデメリット（利用インセンティブ低下問題，調整問題，外部性問題）の防止の意味を考えることが有用である。

(1) 権利関係細分化自体からのデメリットの重要性──共有状態解消の重要性

物権法定主義とは対照的に，共有の規律を考える上ではⓑの問題を考えることが有用である。つまり，共有という形で権利が細分化することにより，利用インセンティブ低下問題，調整問題，外部性問題が生じうる。こうした点を解決するために，管理権限や管理費用に関する条文を置くとともに，分割をやりやすくして共有状態を解消することを認めているのだと思われる。

(2) 共有のメリットがデメリットを上回る場合──共有状態解消を難しくする例外

裏を返せば，分割をやりにくくすることで当事者が新たな価値を生み出そうとしている場合には，分割を排除してよい。つまり，分割のやりにくさが当事

者のパレート改善となる取引の前提条件となっている場合には，分割を排除してよい。

　たとえば，判例に表れた例として，ヨットの共同購入・管理にかかるクラブを組合と認めた例がある（最判平成 11・2・23 民集 53・2・193）。ここでは，金銭という流動性の高い資産を持ち寄って，ヨットという流動性の低い資産を購入しているのであり，このヨットの分割が容易に認められるなら，流動性が低い以上，ヨットをかなりの安値で売却することを余儀なくされる。ヨットは利用できなくなり，返ってくるのもわずかなお金である。こうした事態を当事者が予測したなら，ヨットの共同購入という仕組みを敬遠する人が多くなるだろう。よって，この仕組みに価値があると考えるなら，分割を通常の共有よりも一定程度やりづらくする必要がある。

4　不動産賃貸借

　自由譲渡性の箇所で少し見たように，不動産賃借権は物権一般とは異なり自由譲渡性に制限がある。この自由譲渡性の制限は，一方で，譲渡後も賃貸人の利益を確保することに役立つものの，他方，譲渡前を考えると賃借人による改良インセンティブを奪ってしまうことになる。というのは，第 4 章 3 において物権的請求権の意味の②で見た自由譲渡性による価値保障は，不動産賃借権には妥当しづらいからである。ひいては，物権的請求権の意味の③取引誘導として見た部分は，そのままでは不動産賃借権には妥当しづらいことになる。③取引誘導の部分はせいぜい，二重譲渡を典型とする「契約を破る自由」と履行強制の部分（第 7 章 3 2）で見るように，第 2 賃借人が現れうる場合の交渉材料として使われるに過ぎない。このように賃借権における物権的請求権の機能が，二重譲渡での第 2 譲受人への対処と同じ場面に局限されているのだとすれば，二重譲渡での優劣決定と同様の基準で不動産賃借権の物権的請求権の有無が決められているのは仕方ないことなのかもしれない（民法 605 条の 4 参照）。

CHAPTER

第**6**章

所有権の取得

　第4章と第5章では，所有権の物権的請求権，所有権の分割とい
う問題を扱った。そこでは投資回収の機会を与えて適切な投資のイン
センティブを与えるために，所有権には自由譲渡性があることが前提
とされていた。

　ここ第6章では，この自由譲渡性を正面から取り上げることにな
る。つまり，所有権が譲渡により取得される場面では，法と経済学に
よる分析上，どのような問題があるのかということである。また，こ
れに付随して，譲渡以外の所有権取得原因についても見ていく。たと
えば，善意取得，取得時効，無主物先占，添付といった制度である。
これらは何のためにあるのだろうか。

1 所有権取得制度の概要

　本章で扱うのは，所有権の移転可能性である。つまり，契約を通じて所有権は自由に譲渡できるが，また，無主物先占（民法239条1項）や善意取得（民法192条）といった各種原始取得制度があるが，このことと効率性がどのように関係するのか，ということである。こうした点の分析を行う前提として，まず，所有権取得制度とその特徴を概観しておこう。

(1) 承継取得——情報費用という観点

　所有権取得の制度として，重要なのは承継取得である。この点については，情報費用が問題となることは，**第5章**で前述した。つまり，権利に一定の負担がついている場合，これが譲受人の負担にもなるのなら譲受人はこれを調査しなければならない。また，所有権の承継取得に関する情報費用としては，そもそも譲渡人である前主が権利者であるかどうか調べないといけないという意味で，情報費用がかかる。

　そして，この情報費用を引き下げる制度として，公示のような直接的制度，物権法定主義のような権利関係の設計制限に関する制度がある（**第5章**参照）。このほか情報費用を引き下げる制度としては，善意取得のような公信に関する制度，また，取得時効が関係しうる（善意取得時効は公信に関する制度と類似する。悪意取得時効の場合でも，その後の買主は一定以上の占有があれば所有権取得の来歴を十分に調査しなくてよくなるという意味で，情報費用引下げの意味を持っている）。

(2) 承継取得以外——2つの系列があるという観点

　以上のほか，所有権の取得制度は2つの系列に分けられる。

　1つの系列は，一定の努力をした者に所有権を与えるものである（努力重視型）。無主物先占などがこの典型である。

　もう1つの系列は，一定の所有権から派生して所有権を与えるものである（派生重視型）。この典型は添付である。

(3) 取得時効——さらに別系列

これらとはさらに別系列での説明が試みられている制度として取得時効制度がある。特に問題となるのは，長期の占有が必要な理由は何か，また，悪意占有者の方がより長期の占有を要求されるのはなぜか，という点である。

2 公示制度としての登記

そこでまず，情報費用と関連する代表的制度である登記を見よう。ここで登記のような公示制度の目的は，情報費用を引き下げることにある。そうだとすれば，この制度をどのように運用するかの解釈にあたっては，情報費用引下げについて誰に責任を負わせることが社会的費用を最小化できるかという観点が重要となる。

1 背信的悪意者の排除

こうした情報費用という点から背信的悪意者の問題を考えてみよう。つまり，不動産の二重譲渡があった場合に，登記を得た譲受人は，一方で，かりに悪意でも優先できるものの，他方，背信性という一定の悪性に関する要件が加わった場合には優先できない。このように登記を得た譲受人が民法177条の文言からは素直に導かれない要件で限定されていることを，どう説明するか。この問題は，以下の次の2つの観点から説明できる。

(1) 最小費用回避者

(i) 登記費用と調査費用

1つの説明として，この問題については，最小費用回避者という観点から考察するものがある。すなわち，物権変動の問題としてみた場合，二重譲渡のいずれが優先するかどうかという問題を，公示がないことにより第2買主が現れる紛争を第1買主と第2買主のいずれが最小費用回避者として回避できるか，という観点から考察する立場がある。その際には，第1買主の登記費用と，

（潜在的には多数現れ得る）第2買主の調査費用とが衡量され，前者の方が低いからこそ登記がない場合に原則として第1買主を敗訴させることで登記費用をかけるインセンティブを与えているのだ，と説明されている。

(ii) **背信的悪意者と費用**

では，背信的悪意者の場合には第2買主が登記を得ていたとしても第2買主が負けるのはなぜか。

この立場からすれば，一方で，背信性が理由として注目されているのは，背信的悪意者とされる者の方が最小費用回避者であるからである。たとえば，登記事務を引き受けた者など不動産登記法5条2項に準じる者が第2買主となった場合，あるいは，こうした事務処理者や売主に対する関係で近親者が第2買主となった場合は，こういう場合にあたる（最判昭和43・11・15民集22・12・2671〔和解示談交渉立会人〕など）。

他方，単純悪意でも第2買主が保護される場合があるのは，第1買主との売買を直ちには解消することが不可能・困難であるが，第1買主との売買が価値を失っている場合に，第1売買の解消可能性が現実化している以上，第2買主を保護して取引を促進すべきであるが，こうした事情を調査させるのは費用が掛かるからである（最判昭和40・12・21民集19・9・2221など参照）。あるいは，第1買主への売買が真正であるかどうかを確かめるのも調査費用が掛かるからである（最判昭和31・4・24民集10・4・417など参照）。そして，こうした第1買主への売買が無価値となっていないこと，あるいは，第1買主への売買が真正であること，これらを証明する情報提供としての登記費用は，（潜在的なものも含めた）第2買主の調査費用を下回ると考えられる。

以上を総合すると，第1買主がいるとの事情を知っていても，その売買が実質的に無価値となっていないことや真正であることの事情までは調べなくてよく，この調査費用を第1買主の負担で回避させるために，悪意者排除説ではなく背信的悪意者排除説を採用しているのだと考えられる。

⑵ 社会的損害と私的損害とのズレという観点

もう1つの説明は，以上の最小費用回避者という観点からの説明をより洗練させた説明として，私的損害と社会的損害とのズレに注目するものである（第

2章 ⑧ の議論を参照）。

(i) 私的損害が社会的損害より小さくなる場面

すなわち，第1買主が土地を取得できない損害は，私的損害ではなく社会的損害という点から見ると，第2買主が土地を取得できる利益により，ほぼ相殺されている。生じる社会的損害はせいぜい，第1買主が第2買主よりも高い価値を見出していたのに第1買主から第2買主への強制売買を認めたのと同じ非効率などに限られる。この社会的損害は，私的損害よりもずっと小さいと考えられる。社会的損害と私的損害の違いを意識するために，次の例を見よう。

CASE 6-1

土地の売主Aは，当該土地の価値を 100 と評価する買主 X_1 にこれを売却して 80 の代金を受け取ったが，当該土地の価値を 90 と評価する第2買主 X_2 から 85 を受け取って当該土地を二重に売却し，第2買主に登記を備えさせて，Aは行方をくらましたとしよう。

この場合，社会的損害となるのは，X_1 が支払ってしまった 80 の代金や，X_1 が受け取るはずだった土地の価値 100 ではない。そうではなく，当該土地に 100 の価値を見出す人 X_1 がいるにもかかわらず，90 しか価値を見出さない者が当該土地を手に入れてしまったこと，この価値の差である 10 が社会的損害の中心部分である。

(ii) 社会的損害を超える賠償，非効率

ここで，効率性の観点からは社会的損害の抑止に努めるべく社会的損害を内部化させるべきであることを前提とすることを思い出してほしい（**第2章**参照）。このことを前提とすると，私的損害が社会的損害を上回る場合に，社会的損害を超えて私的損害の賠償を認めるなら過大賠償となる。とすれば，私的損害について賠償を認めることと同様の機能を持つ第2買主の敗北は，過大賠償となる。そして，こうした過大賠償は，過失の不明確さが存在する場面では特に過剰な注意をもたらすことになりかねない。このことを，上記の例に即して考えてみると，第2買主 X_2 は負けると現物賠償に相当する形で重大な賠償義務を負うのと同様の結果となる。

これを回避するために，第2買主 X_2 が取引してもよい状況か調査すること

が考えられるが，すでに悪意者であっても保護される二重譲渡の例で見たように，どういう状況であれば取引してもよいか，また，どこまでの調査を行えばよいかは，あいまいさが伴う（第1売買が無価値となっている場合，あるいは，第1売買が真正でない場合は，第1売買が保護されるべきでない一例でしかない。また，どういった状況がこれに該当するのか，明確な定義があるわけでもない）。それでも調査不足で X_2 が負けるのだとしたら，X_2 は徹底した調査をするか，あるいは，取引自体を手控えることになりかねない。こうした弊害を防止するために，X_2 の主観的基準を背信的悪意という明らかに許されざる場面に限定することで，特に過剰な注意を防ごうとしているのだと考えられる。

2 登記を要しない物権変動

　登記を要しない物権変動についても，同様に情報費用に関する最小費用回避者の観点から説明できる。つまり，調査費用の方が登記費用より，定形的に小さい場面である。

　つまり，1つには登記ができない場合がある。取得時効完成前の第三者が現れた場合の占有者（最判昭和41・11・22民集20・9・1901），取消前の第三者が現れた場合の本人（大判昭和4・2・20民集8・59）などがそれである。

　もう1つは，別の手段により所有権移転の価値や真実性を確信できる場合である。法定相続分がこれにあたり，法律の規定と戸籍によりほぼ確実にそれを知ることができる。

３ 努力重視型と派生重視型の選択問題

　次に，承継取得以外の問題として努力重視型と派生重視型の制度があるという点を見よう。これらの制度はいかなる線引きによって分けられているのだろうか。

(1) 努力重視型のメリット・デメリット

(i) 努力重視型のメリット

努力重視型では，望ましい努力について所有権取得という報酬を与えることにより，こうした努力をするインセンティブを与えられるというメリットがある。別の言葉でいえば，損害賠償がマイナスを与えることによって人々の行動を誘導しようとしていたのに対して，努力重視型はプラスを与えることによって人々の行動を誘導しようとしているという点で，表裏の関係にある制度だともいえる。

そうした結果に注目して設計される制度も多い。民法の枠外にあるが，知的財産権はこの典型である。また，所有権から離れるが，利他的行動を促すためにある事務管理もこういった制度とみることができよう。

(ii) 努力重視型のデメリット

ここにはデメリットもある。

1つのデメリットは，努力重視型で所有権を与える制度が努力の重複や努力し過ぎをもたらすという問題である。つまり，対象物に価値があるとして，その価値を生み出すための対象物の探索作業にどれだけの努力・費用を費やすべきか，という問題があるということである。そして，この問題につき，対象物の所有権を与えると，社会的に効率的な水準を超えて探索のための努力・費用をかけすぎてしまう可能性があるので，所有権を与える場面を限定すべきである。だからこそ，民法上，努力重視型の所有権取得である無主物先占（民法239条1項），遺失物拾得（民法240条），埋蔵物発見（民法241条）は適用範囲が限定されている。また，事務管理でも償還請求できる範囲からは報酬が除外されることで，事務管理者に過度に報いることが制限されている。

別のデメリットとして，努力重視型を貫きすぎると，所有権の重要な機能である価値保障に反してしまうという問題がある。すなわち，たとえば，添付の加工の場面で，裁判所に立証が容易な努力に応じて所有権取得が認められるとするなら，所有者だけが知っている高値での譲渡機会を待っていたり世間的には価値があまりないと考えられているが所有者は価値があると知っている投資を行ったりするなど，裁判所にはわかりづらい形で価値を維持・増加させよう

としていた者に十分に報いることができなくなってしまう（不当利得による請求が認められるとしても，この点は所有者だけが知っている価値には及びづらい。第4章の情報費用理論を参照）。この点は，所有権の取引誘導機能とも矛盾してしまう。

(2) 派生重視型の意味

(i) 派生重視型のメリット

以上のような努力重視型のデメリットを緩和する手段として，派生重視型という類型があるのだと考えられる。たとえば，先に例として出した添付の加工の場面で，努力によって付け加えられた価値だけでは努力をした者に所有権が与えられていないのは，以上のような努力重視型のデメリットにより説明できる。また，事務管理による償還の可否では，本人の意思に反することの明白性が消極的要件となっているのは，努力重視型のメリットも認めつつ，このデメリットを緩和するために所有権を含めた本人の権利を重視していることの表れだと考えられる。

(ii) 努力重視型が使われるべき場面

以上のことを別の言葉でまとめると，派生重視型が利用しづらい場面や努力重視型のメリットが特に大きい場面に限らないと，努力重視型は機能しづらいということである（加工の例がそうであるように努力重視型と派生重視型が重複する場合には基本的に派生重視型が優先され，また，無主物先占など努力重視型で見た例の多くは派生重視型が使えない例である）。

4 取得時効

最後に，取得時効を見ていこう。ここで問題となるのは，取得時効で長期の占有が要求され，また，悪意占有者の場合の方がより長期の占有を要求されることの理由が説明できるか，ということである。

1 取得時効を認めるべき理由 ●

議論の前提として，民法上取得時効にはどのような意義があるとまとめられ

ているか見てみよう。民法上，取得時効の意義は一般に，①証明困難の回避，②権利の上に眠る者は保護されない，③長年継続した事実状態を基礎とする関係の安定化，という3つがあるとされている。

2 ①証明困難回避を重視した説明——公示補完————————●

このうち，経済学上重視されているのは，①が主であり，取引関係がある場合に③を副次的に考慮するにとどまる。すなわち，外形上権利者である状態が長く続いた者から権利を取得した承継人がいる場合に，この承継人の所有権を証明するために前主すべての所有権を証明しないといけないなら，証明困難が大きい。そこで，この証明困難を特に承継人について解消するために，外形上権利者である状態が続いた場合には前主が権利者だと認める制度，すなわち，取得時効を設けたというわけである。

言い換えれば，承継人は前主のいずれかが外形上権利者である状態が長く続いたことだけ調査すれば，取引に入れることになる。この点で，取引のための調査費用を下げる役割を果たす。こうした取引費用引下げは，登記に公信力がない日本の法制では特に重要であろう。すなわち，登記だけを信頼しても安心して取引できない以上，それを補う信頼の対象が重要となるわけである。

3 ②権利行使懈怠責任と③長期事実状態保護を重視した説明—●

では，②や③を主たる根拠として考慮する余地はないのか。また，②や③は主たる根拠として考慮しなくてよいのか。実は，上記①の論拠だけであれば，善意者による短期取得時効を設ける意味はない。というのは，上記論拠だと取引による承継人の制度として構想されることになり，長く占有した者を保護するための制度ではなくなるからである。そこで，②や③の論拠も真剣に考える必要がある。

(1) 事後の効率性への注目と難点

②や③の論拠となりうる1つの候補は，事後の効率性の実現に注目することである。つまり，取得時効が成立する場面では，真の所有者による対象物の有効活用がなされておらず，むしろ，その占有者による有効活用がなされている，

との事情である。つまり，②の権利の上に眠っている状態は権利者にとっての価値の低さを，③の長年継続した事実状態を基礎とする関係の安定化は占有者にとっての価値の大きさを，それぞれ表しているとみることもできるというわけである。

　しかし，そもそも②の権利の上に眠る者は土地を有効活用できていないとの推定は妥当するのか，という疑問が生じうる。また，悪意占有者につき長期取得時効となる理由は，この立場だけではうまく説明できない（たとえば，現在の所有者より自分の方が有効活用できそうだという見定めは，善意占有者よりも悪意占有者の方がよく行っているかもしれない）。

(2)　事前の効率性への注目

(i)　長期事実状態保護の意味

　そこで，別の説明が必要となる。②と③については，取引を通じた事前の効率性の実現に注目することもできるかもしれない。ここでは，**第4章**③の物権的請求権のところで述べた紛争予防・価値保障・取引誘導の観点と関連して説明することもできる。

　つまり，一方で，③と関連して長期の継続的占有があればその期間に投資が行われる可能性が多くなるところ，長期の投資が行われれば，所有者が行う妨害排除請求や返還請求の脅しにより所有者が受け取れる最大額が増加することになる（つまり，占有開始当時の占有者の支払意思額と，所有者から返還請求・妨害排除請求を受けた時点での占有者の支払意思額には，占有者が行ってきた投資や賦与効果などにより大きな乖離が生じることになる）。

> **CASE 6-2**
>
> 　ある土地をＸが相続により所有していたが，ほとんど価値のないものだとして放置していた。この土地はその後，Ｙが占有して大規模な開発が行われ，大きな収益を生み出すことになった。この土地は開発前であれば100程度で取得できるものであったが，この土地から生み出される現在の収益を基礎にすると5000程度の価値がある。

　この **CASE 6-2** では，ＸはＹとの交渉により5000まで支払わせることが可能になるのに対し，開発前の土地の価値は100程度で大きな乖離がある。そ

して，このように交渉により受け取れる最大額と不動産取得費用など所有者にとっての価値との乖離があまりにも大きいと，第**4**章③⑵で宇奈月温泉事件の権利濫用につき見たように，取引自体が成立しづらくなる。宇奈月温泉事件で見たように，物権的請求権を行使して交渉を行う所有者は，こういった乖離が大きい場合，非常に大きな額を吹っ掛けることができるのである。

(ii) 権利行使懈怠責任の意味

そして，他方，②と関連して，そうした物権的請求権の脅しによって金銭を受け取れることが保障されるなら，無権限での占有を訂正するインセンティブが所有者の側に欠けてしまうことになる。したがって，紛争予防という点からも，長期の投資が行われうる状況でなお権利行使させることで，無条件に上記金銭を所有者に確保させることは望ましくない。ただ，逆に事後の効率性だけに注目すると，今度は占有者が所有権について調査しなくなってしまう，あるいは，取引を回避してしまうから，この調査を行わせるためにも一定の長期間占有して投資を行ってもこの投資分から得られる収益を失う可能性があるというペナルティを科すことで，調査などを通じた取引誘導を図るのが望ましい。そこで，事後の効率性ではなく，一定期間の占有が要件とされていると考えられる。

(iii) 所有者・占有者双方にペナルティを科すことによる誘導

以上をまとめると，ここでは，占有者が一定期間占有しないとその投資利益を得られないという占有者へのペナルティにより投資前に誤りに気付くインセンティブを与えると同時に，しかしながら誤って占有して投資を行う可能性が高くなる場面では所有者の側に誤りを正すインセンティブを与えることを一定期間占有された後の所有権喪失効という所有者へのペナルティにより実現しているわけである。このように見ると，**1**の①と合わせて，紛争予防・価値保障・取引誘導という観点から②や③の理由付けにより取得時効を認めた方が望ましいのだ，と考えるわけである。

4 事前の効率性に注目した解釈————————●

こうした取引を通じた事前の効率性に注目する観点からは，いくつかの要件が整合的に説明できる。

(1) 悪意占有者が区別される理由——取引誘導へのペナルティ

たとえば，悪意の占有者は善意の占有者に比べて，投資額やそこから得られる収益を失うペナルティを大きくして上記 **3** (2)の状態の出現を抑止するべきだと考えられるから，取得時効期間が長くされていると考えることができる。

そして，こうした取引誘導は占有開始時にこそ行うべきだから，ペナルティが与えられるべき悪意の基準時は占有開始時になると考えられる。これは，日本の判例が採用する立場と整合的である。

(2) 長期占有が必要とされる理由——投資保護状況の出現と所有者注意費用の引下げ

また，長期の継続的占有が要求されているのは，さもないと投資が行われる可能性が低いこと，あるいは，所有者の側に誤りを正すインセンティブを生じさせるのが費用的に酷であること，こうした点から基礎づけられる。

契約の成立と効果

　ここまでの6章では，合意の無い当事者間においてどのように法制度を整えれば効率性を実現できるか見てきた。このうち，第1章から第3章では不法行為法につき，また，第4章から第6章では所有権法につき，こうした合意の無い世界での制度を構想してきた。

　もっとも，第4章でコースの定理に関して取り上げたように，これまで扱ってきた議論は，合意をうまく実現して効率性につなげる基盤になっているという側面もある。すなわち，所有権法の大きな意義は，合意により効率的に問題を解決することを促すものであった。

　ここ第7章から3章にわたって扱うのは，こういった合意による効率的な問題解決のために，合意に関してどのような法制度を選択するのがよいのか，という問題である。つまり，契約法をどのように設計すれば効率性が実現できるのか，という問題である。そして，ここ第7章ではこういった契約法の問題のうち，契約法の効果と成立について概要を扱うことになる。

1 分析の基礎となる契約によって目指すべき効率性

本章で扱うのは，契約の成立と効果が効率性の実現とどのような関係に立っているか，という問題である。しかし，こういった契約の効果と成立の分析に入る前に，この分析を行う前提として重要な点を確認しておこう。すなわち，これまでの記述でも前提としてきたことであるが，契約で目指すべき効率性を考える上では，事前の効率性と事後の効率性を意識することが重要である。

(1) 事後の効率性——契約の尊重「結果」の効率性

まず，事後の効率性を考えるために，次の例を考えよう。

CASE 7-1

レジャーに用いるためにミニバンの購入契約を結んだところ，契約後に仕事が忙しくなってレジャーに出かける暇が全くなくなり，自分にとってミニバンは購入額に見合わないものになったとしよう。数値例として，メーカーである売主にとっては 60 の生産コストがかかるミニバンにつき，買主が 80 の価値を見出した結果，70 で売却されることになったところ，買主にレジャーの余裕がなくなったために価値が① 65，または，② 55 まで下がったとしよう。

この場合，購入結果を尊重することはパレート改善の意味での事後の効率性に反する。つまり，買主の地位は改善するどころか悪化している。上記の CASE 7-1 の②では，買主は 55 の価値しかないものに 70 を支払うわけだから，契約結果を尊重すると 15 の損になる。

もちろん，こうした場合でもカルドア゠ヒックス基準の意味での事後の効率性は実現できている可能性がある（カルドア゠ヒックス基準の意味につき第 **0** 章参照）。上記の CASE 7-1 の①では，契約結果を尊重すると売主の利益の方が買主の不利益より大きいため，カルドア゠ヒックス基準の意味での効率性は実現できている（売主：10，買主：−5 の利益となり，利益の合計はプラスとなる）。

しかし，買主にとって無価値となった商品購入についてはカルドア゠ヒックス基準でも効率性が実現できているかは疑わしい。上記の CASE 7-1 の②で

は，契約結果を尊重すると売主の利益の方が買主の不利益より小さいため，ミニバンが移転することになるので，カルドア゠ヒックス基準の意味でも効率的でない（売主：10，買主：−15の利益となり，利益の合計はマイナスとなる）。

(2) 事前の効率性──契約の尊重が当事者「行動」に与える影響から見た効率性

もっとも他方で，これらの場合に直ちに契約の解消が認められているわけではない。この理由は，契約の解消を認めると事前の効率性に影響を与えるからである。

> **CASE 7-2**
>
> 上記の CASE 7-1 のミニバンの例について，自動車メーカーから新車を購入する場合には買主の希望に沿ったカスタマイズが許容されている場面を考えよう。数値例で示すと，汎用モデルであるミニバンは生産コストが 45 だが，買主は 50 の価値しか見出さないのに対し，カスタマイズされた場合には上記のように生産コスト 60，買主の見出す価値が 80 となる，という例が考えられる。

CASE 7-2 のカスタマイズは買主の細やかなニーズに適合した商品供給を可能にすることで，契約から得られる利益を増大させることにつながる。しかし，カスタマイズされた車がいったん生産されると同じ額で売れるほかの買主を探しづらいのが通例である。

> **CASE 7-3**
>
> 上記の CASE 7-2 のミニバンの例について，さらに追加条件としてカスタマイズされた車は汎用モデル程度でしか売れないと考えよう。数値例で示すと，カスタマイズされたミニバンも当該買主のほかは 50 しか価値を見出さない買主しか見つけられないかもしれないということである。

CASE 7-3 において契約の容易な解消が認められるなら，カスタマイズを依頼したのとは別の買主に売るしかない結果，60 の費用をかけた物を 50 で売ることになり，売主は損をすることになる。契約の自由な解消が認められるなら，売主はこの損を予想する結果，カスタマイズの自由度を落とすことによって自衛することになろう。つまり，汎用モデルしか生産しないということである。

こうした当事者行動の変容は翻って，買主が契約時に，つまり事前に契約から得られる価値の期待値を下げてしまうことにつながる。しかし，当事者は契約時から見た価値を最大化するために契約に入るのである。したがって，契約時から見た，つまり，事前の効率性を最大化することが，契約法では基準に置かれることになる。これまで見てきたミニバンの例で，事後の効率性に反するにもかかわらず契約の解消が認められないのは，こういった事前の効率性を重視するからである。

(3) 事後の効率性が事前の効率性に与える影響

では事後の効率性を考慮しなくてよいかというと，そうではない。事後の効率性を高めていくことは，契約から得られる価値の期待値を高めることにつながるから，結局，事前の効率性を高めることにつながるからである。ここで例として出したミニバンの購入契約の解消について，たとえば，分割払いにした上で契約後数年乗った後に，残代金免除で返品するか，やや高めとなる残代金を支払って買い取るかのオプション権を認める契約が広く行われている。これは，条件付きながらも契約解消を買主が権利として持つことによって事後の効率性を高めることが，契約時という事前の観点からも買主にとっての契約の価値を高めることにつながり，そのため買主が高い代金を受け入れていることによるものである。

契約の意義

契約の効果と成立の問題に入る前に，もう1つ，契約が締結される意義について確認しておこう。つまり，契約の効果と成立を考えるにあたって，前提として，契約がなぜ締結されるのか，そして，この点は効率性とどのように関係するのかを概観する。

1 履行がされることの意義————————————●

まず，契約の履行がされることの意味を考えてみよう。

(1) パレート改善

このことはパレート改善につながるという意味がある。つまり，契約の両当事者の地位が向上するということである。

たとえば，中古自動車の売買を考えてみよう。一方で，売主は，自分の持つ自動車の価値が，受け取れる金銭の価値よりも小さいと考えたからこそ，いわば自分の自動車を手放して金銭を受け取った方が自分の地位が改善すると考えたからこそ，取引に応じたわけである。他方で，買主はこの逆で，自分が持つ金銭を手放して中古自動車を受け取ることで自分の地位が改善すると考えたからこそ，取引に応じたわけである。このように，取引は，両当事者が主観的に考える自分の地位が改善する状態をもたらす。

(2) 富 最 大 化

実はこの点は富の最大化という点と合致する。というのは，富の最大化は，言葉の響きだけ見れば客観的に金銭を最大化するように思えるが，ここでの富は支払意思額，つまり，財やサービスを受け取るために主観的に最大限支払ってもよいと考える額や，財やサービスを手放すのに主観的に最低限受け取らないといけないと考える額によって計測されるからである。

(3) 無償契約でも同様

また，贈与のように有償性のない契約においても，こうした利益の増大が前提となっていると考えられる。すなわち，受贈者のみならず贈与者も，契約の履行から利益を得られるということが前提となっていると考えられる。たとえば，贈与は信頼の醸成や利他的感情を示すことによる贈与者の信頼性向上，他人からの感謝や名誉付与による贈与者の満足上昇をもたらしうる。また，家族間を考えればわかるように，受贈者である他人の喜びは贈与者の喜びにもつながる例がある。つまり，最大化が目指される利益は，非金銭的な価値でもよいわけである。

2 履行が先延ばしになっている契約を締結する意義━━━●

契約が締結される意義の話はこの履行の意味を考えることで終わりではない。履行が決定的に重要ならば，契約の履行期を先に延ばして契約を締結する意味は，説明できたことにならない。つまり，履行期を先延ばしにした契約はなぜ拘束力があるのか，履行がされるまでは解消は自由だが履行されれば取り戻せないことでは足りないのか，ということである。たとえば，売買契約を例に考えてみよう。

(1) 代金支払いを先延ばしにする意味━━信用供与

売主への履行に関して代金支払期限を先延ばしする場面では信用の供与という貸付けと同じ意味を持つ契約が組み合わされていると考えることができる。

(2) 代金の対価の履行を先延ばしにする意味①━━関係特殊投資の保護とコミットメント

より説明が難解なのは，買主への履行期を先延ばしにする場面である。説明が難しくなるのは，買主の側からすれば，売主が現実に履行できるようになってから買えば最も安全だからである。しかし，現実にはこういった売買ばかりではないわけであり，契約時より後に売主に履行させる契約を締結することについては，少なくとも次のいくつかの意味があると考えられる。

(i) 投資保護とコミットメント

第1に，コミットメントによる関係特殊投資の保護である。すなわち，契約の当事者は，当該契約関係を離れては価値を減じられてしまうが，当該契約関係が無事履行されればその履行から得られる利益を増加させる投資を行うことがある。

> **CASE 7-4**
> 　買主のニーズに合わせた部品メーカーが売主であれば，買主の仕様にあった部品を安価に製造するために，製造施設等に事前に投資をすることがありうる。

CASE **7-4** では，設備投資により製造コストが下がれば，契約から得られる利益は増加することになる（費用引下げ型の投資）。CASE **7-5** では，事前の投資により，美術品と相まって美術館の魅力が向上すれば，契約から得られる利益は増加することになる（利益増加型の投資）。CASE **7-6** では，品質が買主にとってわからなければ，品質の低い物をつかまされることをおそれた買主が価格を引き下げたり，そもそも契約に入らなかったりという逆選択の問題が生じることになるが，これを解消するために買主が十分な調査や，売主が外部調査機関に認証を依頼することがある（契約内容の改善や契約締結機会改善のための投資）。これらの例のように，履行を受ける者にとっての履行価値引上げ，履行をする者にとっての履行費用引下げ，契約を最適な形で結ぶための情報非対称解消などの意味を持つ投資が行われることがあるのである。そして，このように契約から得られる利益を増加させる投資は，契約の履行前に行われることでさらに価値が多くなることがある。

しかし，こうした投資の回収は，当初の契約が十分に保護されることにより図られるところ，当初の契約が十分に保護されない状態が許容されるなら，つまり，不履行や再交渉が許容されるのなら，投資が保護されないことを見越してこうした投資は行われなくなるだろう。よって，こうした関係特殊投資を安心して行えるようにするためには，履行期を先延ばしにした契約を十分に保護する必要がある。こうした保護を契約相手方に与えることを**コミットメント**と呼び，契約の重要な役割の１つはこのコミットメントを制度的に保障することにある。

（ⅱ）　コミットメントのない状態

　このことの意味を，CASE **7–4** の部品メーカーの記述を数値例にして考え
てみよう。

CASE 7–7

　買主以外に買い手がいないが買主にとって 1 個あたり 12 の価値がある特殊な部
品を，部品メーカーたる売主は 1 個あたり 10 のコストで生産できているとしよう。
この場合の売値は中間値たる 11 ぐらいになると予想される。ここで，同じ部品を
1 個あたり 4 のコストで 1000 個まで追加生産できる製造設備が 5000 の投資を
行えば導入できるが，この製造設備は特殊部品を作るためにあるため，中古での転
売が不可能だとしよう。

　CASE **7–7** で製造設備投資を行うと，1000 個作る場合の 1 個あたりのコス
トは設備投資を決定する時点から見ると 9 に引き下がるため（1000 個作る製造
コストの 4×1000 に，設備費用の 5000 を加えた 9000 の費用が掛かる），設備投資は契
約利益を増大させる投資である。また，製造された部品は 10 で売れれば，売
主にとっても利益が出るだけでなく，買主の利益も増大する。しかし，売主と
買主との間でこの部品を売買するという合意の無いまま売主が投資をすると，
投資をした後の段階になって，買主はこの部品を「1 個あたりの追加的な製造
コスト（＝4）と自分にとっての価値（＝12）の中間となる値（＝8）で売却して
ほしい」と要求してくるかもしれない。

　売主は買主以外に特殊な部品の買い手を見つけられないため，また，売却額
は 1 個あたりの追加的な製造コストを上回るため，この買主の申し出を受けざ
るを得ない（かりに全く部品を売却しないなら，製造設備転売は不可能であるため，
損益は投資分の −5000 のままである。これに対し，8 の価格で 1000 個売却すると追加
製造コストの 4000 を売上高の 8000 から差し引いた 4000 の利益が得られるため，投資
分の −5000 と合わせて −1000 という損益の結論になる）。もっとも，明らかなよう
に，8 の価格で売却すれば売主は製造設備の投資を十分に回収できなくなって
しまう。これを売主が予測すれば売主は製造設備の投資を行わないことになり，
こうなると買主も今より安く部品を買う機会を失ってしまう。

（ⅲ）　コミットメントのある状態

　そこで，売主が投資をする前に，部品の売値を製造設備の投資が回収できる

だけの額に定めた売買契約を行って，売主の投資を保護するわけである。つまりこの例だと，製造設備の投資を行う前に「価格 10 で 1000 個購入する」との契約を締結しておけば，売主は安心して効率的な設備投資ができるわけである。そして，こうした契約によって買主は上記のような投資をした後の裏切り的行動をしないように自分を拘束しているわけであり，この拘束をコミットメントと呼ぶわけである。

(3) 代金の対価の履行を先延ばしにする意味②——取引費用削減

　第2に，取引費用の削減である。たとえば，売主・買主の担当者にとって無理なく契約交渉できるタイミングが，履行期より前のそのタイミングなのかもしれない。また，買主が履行期に契約する，あるいは，履行期までに安い売主を探すとなると，そうした売主を探し続ける費用が余計に掛かることが懸念されるかもしれない。さらに，契約時よりも履行期に価格が上昇している可能性を考えると，この資金確保のために余計な資金調達費用が掛かるかもしれない。なお，ここでの費用の一部は，履行がなかった場合に備えて費やすべき注意費用としても議論される。

(4) 代金の対価の履行を先延ばしにする意味③——リスク回避

　第3に，リスクの回避である。すなわち，契約の時点で価格を固定できれば，買主は一定の物を手に入れるために，履行期の時点で価格が上昇したり下落したりするリスクを回避することができる。また，売主にとっても，目的物の価格上昇や価格下落のリスクを回避することが可能になる。こうしたリスクは，特に，買主や売主が個人である場合にはリスク回避傾向の一環として回避が望ましいものと考えられることになるので，これを回避することに履行期前の契約締結の意味がある。

　ただ，このリスク回避に関する分析は，厳密に行うなら非常に複雑である。まず，経済学におけるリスク回避は，日常語とは異なり不利益のみならず上記のように利益の不確実性も対象にしている。次に，リスク回避傾向は内心の問題であるため，他人から測定することは難しい。さらに，上記の売主が目的物の価格上昇や価格下落のリスクを回避できるのは，買主がこれを引き受けたか

らであって，単純にリスクを減少させているというより場面に応じてこれを分配しているという場面もある。こうした複雑性があることから，本書ではリスク回避について込み入った分析を行っていないことに留意されたい（すぐ後の③ではこの観点を除外して分析を行っている）。

③ 契約の効力

以上のような契約を行う意義を担保するのが，契約の効果である。つまり，履行請求や不履行の際の損害賠償という制度である。ここで考えるのは，契約の意義を十分に発揮させるためには，履行請求と損害賠償の相互関係をどうすべきか（履行請求権の優先を認めるか），および，損害賠償の内容をどうすべきか（どこまでの賠償を認めるか），ということになる。

ここで少し前提を確認しておこう。前提として，日本法のように履行請求権が損害賠償に優先するとのルールを採用するとしても，履行不能の場合には履行請求権は成立しなくなる，ということがある。ここで，履行不能には様々な類型があるが，履行費用に注目すると，履行不能の場合に履行請求権が成立しなくなることは，履行に関して事後の効率性を確保するためにある法理と考えることができる。つまり，履行費用が，契約相手方が履行から得られる価値との比較で，著しく大きくなる場合であると考えられる（ここで差が「著しく大きく」なることが必要である意味は，後に **2** で説明する）。ただ，これは原則論であって，契約締結当時から見て別の考慮が存在するなら異なった基準にできる。すなわち，契約締結時から見た事前の効率性に照らして，別の基準を立てる意味があれば，そちらが優先する。

以下の記述は，基本的にこの履行不能に該当しない場合，つまり，履行請求権も損害賠償請求権も選択可能である場面を想定することになる。ただし，繰り返しになるが，履行不能の判断には事前の効率性が優先するという観点が重要である。このことが現れるのが，後に **2** で見る二重譲渡である。すなわち，第1買主に売却した後に，より高い価格を提示する第2買主が登場した場合には，履行の費用として第2買主から得られる利益（機会費用）を念頭に置くこ

とになるが，かりにこの費用が第1買主の利益を上回るかもしれなくても履行請求権の優先を解除してはならないというタイプの議論である。この意味は後に説明するとして，以下では履行請求権と損害賠償請求権の問題を順に見ていこう。

1　損害賠償の基準額──賠償責任ルールの基準額はいくらであるべきか──●

契約法での損害賠償では，不法行為とは違った賠償額選択問題がある。代表的には，履行利益賠償と信頼利益賠償の選択である（原状回復的損害賠償もある）。履行利益賠償とは履行すれば得られた価値の賠償，信頼利益賠償とは（様々な定義があるが）履行を信頼したことにより債権者の側に生じた費用の賠償を指す。

(1)　不法行為と違う理由

不法行為と違った問題が生じるのは，2つの理由による。

(i)　債務者への影響

1つは，賠償義務者たる債務者の行動に与える影響である。すなわち，不法行為では賠償の有無が主として注意義務という相手方に損害を及ぼす確率や損害の大きさにかかわるものと関係していた。これに対し，契約では，こういった観点だけでなく，契約を破るかどうかの選択にも影響を与えるという問題がある。つまり，事後の効率性からすれば，債権者が履行により得られる利益よりも債務者の履行費用が高くなりすぎた場合は，契約を履行しない方が効率的となる。こうした効率的な履行拒絶へのインセンティブに，賠償額は関係している。

(ii)　債権者への影響

もう1つは，賠償権利者である債権者の側に与える影響である。すなわち，債権者の側が，履行から得られる価値を高めるための関係特殊投資をする可能性があり，この水準に賠償額が影響しうることが問題となる。

(2)　賠償額が履行インセンティブに与える影響

以上の点に注目すると，まず，債務者に与えるインセンティブという点では，

履行利益賠償だと最適なインセンティブをもたらすのに対して，信頼利益賠償だと履行が効率的でも履行拒絶のインセンティブが生じてしまう。

CASE 7-8

ミニバンを100で売却する契約をして代金を受け取った場面で，買主は契約費用として5を支出し，また，買主にとってのミニバンの価値が120であるところ，製造コストが110まで上がってしまったとしよう。

CASE **7-8** では，製造コストより買主利益が大きいので履行させた方が効率的である。そして，履行利益賠償だと履行した方が売主にとって得であるのに対し（履行：110〔製造費用〕vs 賠償：120〔履行価値〕），信頼利益賠償だと信頼利益賠償を支払って不履行の選択をした方が売主の得となる（履行：110〔製造費用〕vs 賠償105〔売買代金＋契約費用〕）。

なお，この場合の履行利益賠償額は，不法行為の場合と同様に，実際に生じた損害すべての内部化が必要なのではなく，債権者に通常生じると期待される損害の期待値が基準となればよい。

(3) 賠償額が関係特殊投資インセンティブに与える影響

次に，債権者の側に注目すると，履行利益賠償でも信頼利益賠償でも，過剰な信頼により関係特殊投資が過剰になる可能性が指摘されている。というのは，債権者の側の関係特殊投資は，履行がされないと価値を生み出さないのだから，天変地異や次に見る「契約を破る自由」など履行がされない確率を考慮して最適水準を定める必要があるところ，履行利益賠償でも信頼利益賠償でも債権者が行った関係特殊投資は賠償されるからである。特に，履行利益賠償では，関係特殊投資を行った場合に増加した履行価値額が賠償されると見込まれるため，債権者は（帰責事由不存在の免責が債務者に認められない限りで）常にこの増加した額の賠償を受けることになる。

数値例で示してみよう。

CASE 7-9

先に CASE **7-5** として出した美術品の売買の例で，美術品の価値を100だけ高める関係投資を買主が80の費用をかけて行うが，履行確率は70%程度だとしよ

う。

CASE **7-9** の場合，この関係特殊投資は行うべきでない。というのは，履行される確率を考えると，美術品の価値は 70（履行から得られる価値増加額 100 ×履行確率 70%）しか高まらないのに対して，費用は 80 かかっているからである。しかし，履行利益賠償が行われるならば，履行が行われた場合（履行から得られる価値増加額 100×履行確率 70%）と履行が行われない場合（履行利益たる賠償の増加額 100×履行されない確率 30%）を合わせて，関係特殊投資がされれば買主は常に 100 の増加分を 80 の費用の投資で手に入れてしまう。そのため，買主は関係特殊投資を行うインセンティブを持つことになる。

⑷ 留意すべき前提

もっとも，この点は，2つの意味で留保が必要である。

1つは，履行利益賠償の額である。つまり，履行利益賠償は，法と経済学では履行すれば得られた価値の賠償と単純に定義することが多く，関係特殊投資で履行利益が多くなればその部分も賠償されるとする見解が多い（上記の例はこの前提で作成している）。しかし，実際には，履行利益賠償での賠償対象はこうした関係特殊投資による価値増加を考慮しない形で算定される。特に，履行利益における賠償額の定額化は，よく指摘されているところである。というのは，前述のように履行インセンティブの適正化のためには，実損の賠償ではなく，期待損害額の賠償で十分であり，この額で定額化できるからである。そして，このような定額化の結果として，履行が実際に行われなければこの関係特殊投資は債権者負担となる。

もう1つは，次に見る所有権ルールの優位性である。すなわち，「契約を破る自由」はあるのか，という問題である。

2 履行請求と損害賠償の選択——所有権ルールと賠償責任ルールはどちらを選択すべきか●

「契約を破る自由」とは，次のような問題である。

CASE 7-10

　不動産「甲」の売主Yに対して，買主Xが現れた後に，Xより高い価格を提示するZが現れたとする。

　ここで「契約を破る自由」とは，先に買主として現れたXを無視してZに「甲」を売却してよいか，という問題である。これは，履行請求と損害賠償との間の選択問題としても議論される。

　また，すでに第**4**章で見た所有権ルールと賠償責任ルールとの選択問題とも言い換えられる。すなわち，売主Yが損害賠償さえ支払えばXがすでに得た権利を侵害してよいか（賠償責任ルール），それとも，Yのそうした行動はXとの事前交渉がなければ阻止されうるような関係にあるか（所有権ルール），という問題である。

(1)　賠償責任ルールの優位性？

　ここでは，一方で，事後の効率性を重視するのなら，YZ売買をYX売買より優先させるべきであるように見える。つまり，賠償責任ルールを採用すべきであるように見える。

　というのは，Zの方が高い価格を提示しているのなら，「甲」をXよりZの方が高く評価しており，したがって，YX間ではなくYZ間の売買を承認した方が契約から得られる利益が大きくなるように見えるからである。もちろん，XはZに転売することができ，これによっても最終的に同じ状態は生まれる。しかし，Y→X→ZよりY→Zの方が取引を1回分少なくできるので，取引費用を削減できるようにも見える。

(2)　所有権ルールの優位性

　他方，日本法は，民事法以外も含めて，こうした取引に敵対的な態度を採用している。つまり，所有権ルールが採用されている。

　たとえば，YのZへの売却行為（＋登記移転行為）は刑法上，横領として処罰される（最判昭和30・12・26刑集9・14・3053など）。また，YがZから獲得する代金はXにそのまま損害賠償として持っていかれてしまう可能性が高い（Z

の購入価格が履行利益賠償額となる）。

この点は効率性を重視するとしても正当化できる。すなわち，事後の効率性の観点から見ても，Ｚの方が高い価格をつけたのは，Ｘよりも「甲」を高く評価しているからとは限らないところ（契約時より後の値上がり分が反映されただけかもしれないし，また，Ｘの購入価格がＺの支払意思額より低いことはわかってもこれとどれぐらい乖離しているかはわからない。第 **6** 章 **21** の背信的悪意者の例を参照），非効率な契約違反を防ぐためにはＸにとっての主観的な価値を正確に履行利益賠償に反映させることが必要となるが，この履行利益賠償の算定を正確に行うことが難題である。また，事前の効率性から見た場合，**1** で示したように事後の効率性が事前の効率性に影響するだけでなく，「契約を破る自由」には問題が大きい。すなわち，**22** の履行期前に契約を締結する意義も，ＹＺ契約の承認により害されてしまう（後述の **3(2)** も参照）。たとえば，「甲」を調査・評価するためにＸがかけた時間・労力・費用は，上記の履行利益算定の困難さもあって，十分に補償されないかもしれない。

▌(3) 履行請求権の第一義性 ▌

以上のように履行期前に契約を締結しておく意味を減殺するほか，Ｘの主観的価値算定に困難があるからこそ，この費用を節約するために履行請求権の第一義性が認められる。実はこの議論の構造は，第 **4** 章で述べた所有権の意義についての情報費用理論と同じである。具体的に言うと，賠償責任ルールだとＸにとっての履行利益算定が必要であるところ，Ｘに排他的権利を与えることでＺをＸとの取引に誘導し，履行の価値がＸとＺのいずれにとって高いかを裁判所が判断する手間を省いているのである。そして，これにより，契約時から見た契約価値の最大化を，つまりは事前の効率性を，達成しようとしていると考えられるわけである。

そうだとすれば，先に述べた履行費用に注目した履行不能もこの枠組みに沿って考えることになる。具体的に言うと，履行費用が履行利益を「著しく大きく」上回る場合であるために履行費用と履行利益との比較が低コストで行える場合に限って，履行不能として履行請求権排除が認められることになる。

3 賠償範囲再論——賠償責任ルールか所有権ルールか————————●

以上の争いは，履行請求権の意味や，代替取引強制のために賠償範囲の制限を図るべきかという問題と関係する。すなわち，売主Yが損害賠償さえ支払えばXがすでに得た権利を侵害する形で履行拒絶を認めて代替取引を促してよいか（賠償責任ルール），それとも，Yのそうした行動は履行請求権やこれに相当する賠償により排除されて一方的に代替取引を促せる関係にはないか（所有権ルール），という問題である。

(1) 賠償責任ルール・履行請求権拒絶・賠償範囲制限の優位性？

一方で，日本法とは異なり，履行請求権は認められず，つまり，契約で合意した内容をそのままの形で実現するよう請求することは原則許されず，損害賠償を得て代替取引をするべきだと考えられている法制がある。また，損害賠償範囲は，契約時に予見し，または，予見すべき範囲に限られる結果として，さらに代替取引が促進される効果を生む法制がある。

たとえば，XがYから中古車「甲」を購入したとして，Yが「甲」を引き渡さない場合に，XはYに「甲」の引渡しを請求するのではなく，損害賠償金を得て別の中古車を購入すべきだとされるわけである。しかも，契約後の特殊事情で中古車価格全体が上昇しつつある場合，Xはこの価格上昇分をYに対して損害賠償として請求することができない。このため，Xが中古車を手に入れたいなら，できるだけ早く代替取引に踏み切る必要がある。

(2) 所有権ルール・履行請求権付与・賠償範囲制限なしの優位性

他方，日本法は，履行請求権を認めるばかりか，契約時に予見し，または，予見すべき事情でなくても，履行期に債務者が予見すべき事情であれば損害賠償の基礎事情とすることを認める。この結果，(1)の例だと，「甲」をそのままXは手に入れることができる。また，損害賠償というルートになっても契約後の特殊事情による価格上昇分も手に入れることができるため，代替取引を急ぐ必要もない。せいぜい，基本的には過失相殺による制約を受けるにとどまる。

こうした法制となっている理由は ②2(3)で上述した履行期前に契約を締結す

る意義の第2の意義が，日本の取引では重視されることが多く，このため，そうした取引費用を削減できる任意法規がデフォルトルールになっていると考えられる。こうしたデフォルトルールになっている意味を別の言葉でいうと，代替取引が契約による利益を上昇させる特別の事情が契約の基礎とされている場合に限り，代替取引の強制が行われるのだ，ということである。たとえば，カラオケ店を営む賃借人が，賃貸借契約の不履行に基づく営業損害の賠償を求めたのに対して，代替取引が可能であることを示唆してこれを認めなかった判例（最判平成21・1・19民集63・1・97）は，代替取引が容易な当事者・事業の特性などが契約上の前提とされており，そうした観点から正当化することができよう。

4 契約の成立

以上のような契約の意義・契約の効果から派生する問題が，契約の成立という問題である。すなわち，これまで見てきた契約の効果の全部または一部を発揮させるべき時期は，契約の意義からすればどのようなものになるべきか，という問題である。

1 契約の成立時期————————————●

契約の成立を判断するにあたっては，以上で見てきたような様々な要素を勘案した上で，当事者双方が事前の効率性を上昇させるために契約に入ったと評価できる時点かどうかが重要となる。たとえば，22で見た履行期を先延ばしにした契約の意義として認められる様々な観点により，契約上の利益が増加すると認められるかが重要となろう。つまり，コミットメントや一定時期の契約による契約費用削減，リスク回避が重視されるかということである。これらを基礎として，履行について何らかの障害が生じた場合に問題となる3のような法的枠組みにより買主に保障できる高い利益とそこから売主が得られる高い代金を重視するか，それとも，こうした契約の拘束力から得られる利益よりも別の買主を探す可能性を売主に留保した場合の利益の方が大きいか，という事

情が問題となる。

たとえば，いわゆる申込みの誘因は，売主にとって後者の利益の方が大きいと考えられる場面である。

2 契約成立前の責任──────────────────●

契約締結上の過失の問題を考えるにあたっても，先に見た履行期を先延ばしにした契約をする意義を考えることが有用である。

(i) 関係特殊投資へのコミットメント

すなわち，一方で，**2-2** で見た第1の意義，関係特殊投資の促しをした方がよいことがある。この促しのために，契約から得られる利益を一定程度保障する必要がある。他方，第2の意義（取引費用削減），第3の意義（リスク回避）からすればその時点で契約の拘束力を及ぼすことがいまだ得策でないことがありうる。たとえば，売主側はいまだ別の人に売る権利を保持した方が，自分にとってよいと考える場合がありうる。そこで，第1の意義を果たさせるために関係特殊投資保護の一定の賠償を認めつつ，第2，第3の意義が満たされていないことから履行やこの促しとなる賠償を認めないことがよいことがありうる。契約締結上の過失とはこのような場面であり，信頼利益賠償で関係特殊投資が保護されているのはこのように正当化されよう。

(ii) 一方的な判断ミス

被害者側の一方的注意が問題となる場面では，契約締結上の過失責任は否定されるべきである。すなわち，契約締結への信頼惹起が問題となるいわゆる契約締結上の過失として論じられる場面で，信頼利益賠償すら認められない場面である。つまり，ここでは関係特殊投資を促すコミットメントすらない場面であるところ，こうしたコミットメントの有無に関する判断ミスは当該判断ミスをした者こそが最小費用回避者であると考えられるから，賠償は一切認められないわけである。そして，こうした軽率な信用が許されないことは，契約締結の自由が民法上規定されることにより（民法521条1項），つまり，契約交渉からの原則的な離脱自由が認められることにより，法の原則として表現されていると考えられる。

CHAPTER

第**8**章

契約の締結過程規制と内容規制

　本書では不法行為と所有権の問題に引き続いて，契約の問題を扱ってきた。そして，前の章である第7章では，契約の中心的な効果と成立の問題を扱った。すなわち，履行請求権や債務不履行に基づく損害賠償請求権という効果が効率的な履行を促す意味，および，こうした効果が認められるべき契約の成立が持つ意味，こういった点を分析した。

　ここ第8章では，契約の締結過程や内容に関する様々な規制が，効率性にとって持つ意味を見る。たとえば，詐欺・強迫で取消権が与えられている意味，また，公序良俗違反の契約が無効である意味である。

① 契約締結過程の規制

本章で扱うのは，契約の内容規制・手続規制が効率性の実現にとってどのような意味を持つのか，という問題である。このうちまず，ここ①では契約締結過程の規制が効率性とどのような関係にあるかを見ていく。

1 基本的視点————————————————●

契約締結過程における瑕疵について，経済学の観点から注意すべき点は，大きく分けて，次の4つの方向に集約される。

┃ (1) 契約内容自体の非効率 ┃

第1に，①契約内容として非効率が生じる可能性である。すなわち，たとえば，詐欺や錯誤で契約目的物の価値を見誤った場合，本来のことを知っていれば存在したであろう支払意思額よりも高い価格を支払ってしまうかもしれない。また，強迫を受けた場合，その害悪を避けるための費用を考慮した結果，支払意思額よりも高い価格を払ってしまうかもしれない。

これは，パレート改善とはならない取引がされたことを意味する。また，不利益があまりに大きければ，カルドア゠ヒックス基準でも非効率であろう。

> **CASE 8-1**
> 製造原価が70かかるが買主にとって60の価値しかない物を，製造者である売主の詐欺により，100の価値があると買主が見誤って80で購入したとする。

この場合，パレート改善の意味で非効率であるのみならず（買主は60の価値しかない物に80支払っている），カルドア゠ヒックス基準の意味でも非効率である（60〔買主にとっての価値〕－70〔製造原価〕＝－10〔社会的価値増加〕）。

┃ (2) 不利益拡大費用の非効率 ┃

第2に，②不利益を被らせる者が費やす費用である。すなわち，たとえば，

詐欺であれば，直接的な手段たる欺罔行為の費用や，騙されやすい相手を探す探索費用は，上記の通り社会的に非効率な結果を目指して投じられる費用であって無駄である。

(3) 不利益防止費用の非効率

第3に，③不利益を被る当事者が費やす費用である。すなわち，たとえば，詐欺が放任されるのであれば，騙されないようにするために注意を払うための費用が費やされることになる。

(4) 救済に伴う非効率

第4に，④救済に伴う費用である。ここには，裁判など手続にかかる費用のほかに，のちに錯誤についてみるように，救済の拡大が情報収集といった社会的に有用な活動を抑止する可能性や，無効・取消しの可能性に備えて行動するといった社会的に見て余計な費用を増やす可能性に，注意する必要がある。

(5) 若干の留意点

以上の非効率は，実際に契約を締結した者のみならず，潜在的な契約当事者も含まれる。たとえば，キャッチセールスの結果，契約が締結されなかったとしても，②の契約当事者探索費用や，③の注意費用は，費やされることになる。また，④の救済に伴う非効率のうち，救済の拡大が影響を及ぼす部分は，契約をしていない者にも及んでいる。

2 具体的場面

こうした観点から日本法を見てみよう。

(1) 単純類型──詐欺・強迫

まず，詐欺や強迫が取消しの対象となること（民法96条1項）は容易にわかる。つまり，1の①から③までがきれいに当てはまる。たとえば詐欺では，被害者が本来望まなかった契約がされ（①），加害者は欺罔費用や探索費用を（②），被害者は注意費用を（③），それぞれ費やすことになる。

これに対し，第1に，錯誤や情報提供義務はやや問題が複雑になる。

（ⅰ） 情報提供の促し

ここでは前提として，錯誤や情報提供義務には，情報開示を促すという意味がある，ということがある。この情報開示の促しになるという点は情報提供義務だと明らかであるが，錯誤の場合でも知っていた情報を伝えずに相手方が錯誤に陥って取り消されたとすれば情報を秘匿した方は契約の実現という目的が達成されなくなるので，間接的に情報開示の促しになるわけである。このように情報開示の機能を持つ錯誤での取消しや情報提供義務違反を根拠にした錯誤取消しの拡張を認めるべきかは，詐欺等と比べてずっと難しい問題になる。

（ⅱ） 問題点の整理

難しい問題である理由は，1の①（錯誤がなければ本来行うべきでない取引内容），③（錯誤回避のための注意費用）の問題が生じる一方で，②（錯誤に陥らせるためにかける費用）の問題は大きくなく，むしろ，①のみならず④（錯誤の救済を認めることでかかる費用）の非効率を避けさせるために錯誤者や情報提供義務の相手方に救済を認めずに一定の注意をするインセンティブを生じさせるべきではないかとも考えられるからである。つまり，錯誤に陥った当事者こそが，社会的費用の最小費用回避者であって，この者の注意を促すために錯誤取消しでの救済を否定・制限することが考えられるわけである。

また，錯誤や情報提供義務の対象となる情報については，情報の提供インセンティブや収集インセンティブにとっての意味を慎重に検討する必要がある。すなわち，一方で情報提供を見ると，錯誤取消しその他の救済を認めることで相手方に情報の事前開示のインセンティブを与えるべきか，問題となる（①と関連して，たとえば，薬品の適切な使用法のように，買主には情報が与えられた方が目的物の利用価値が高まることが多い）。他方で情報収集を見ると，こうした救済により相手方の情報収集のインセンティブを削がないか（④と関連して，売主は錯誤や情報提供義務を通じて情報開示を強制されたとしても，情報により高められた価値の一部を売買で獲得できるからインセンティブ減少が深刻でない），もしくは，そもそも相手方の情報収集インセンティブを削ぐべきか（②と関連して，社会的価値

のない情報への投資はさせるべきでない），といった問題に留意する必要も生じる。

(iii) 錯誤の要件をどのように解釈すべきか？

以上を前提として，一方でまず基礎事情錯誤（民法95条1項2号）を考えると，上記の観点のうち特に，情報提供にかかるインセンティブの観点からは，（買主に対して錯誤取消しその他の救済を認めることで）買主に比べて売主に情報の事前開示のインセンティブを与えるべきであるから，買主が錯誤に陥っている場合よりも，売主が錯誤に陥っている場合の救済は狭く考えるべきとの考えが正当化される（詳しくは第9章13(1)参照）。また，基礎事情錯誤のうちこれ以外の場合には，①や④の費用を低減するために③の費用を費やすことが任意法規（デフォルトルール）になっていると考えた上で，③の費用が特に大きい事情や，21(4)のように任意法規の硬直性を考慮して，こうした負担を転換できる場面を考えていくことになろう。

他方，表示錯誤（民法95条1項1号）については，こうした情報提供・調査義務の観点よりも，表意者の過剰な注意を警戒する観点が表れていると考えられる（表示錯誤の件数はそこまで多くなく①の弊害は大きくないし，これを常に警戒するならかえって取引が停滞してしまい，③の弊害が深刻となる）。

┃ (3) 複雑類型②——窮状利用 ┃

第2に，窮状が利用される場合の分析もやや複雑になる。日本法では，公序良俗違反における暴利行為（民法90条）で検討される領域の一部である。たとえば，失業している者に高利でお金を貸し付ける，あるいは，大災害の際に生活必需品を高値で売りつける，といった場面である。

そして，この文脈で持ち出されるのは，1の①の一部に含まれるリスク回避という観点のほか，窮状に陥らないようにするよう当事者が過剰な注意を払うことを避けられるかという観点，つまり，③の観点である。しかし，暴利行為の事例を考えればわかるように，詐欺・錯誤などのように注意により問題を避けられるというものではない。たとえば，失業で闇金から金銭を借りることにつき救済を与えることは，この窮状に陥らないように注意する費用を低減させる効果があるといえるだろうか。

かえって，窮状になれば暴利行為であっても取引を当事者は望むことがある

ので，取引自体は望ましいものとも，つまり，上記①の観点とは真逆だともいえなくはない。だからこそ，上記②の観点と関係して，かりに窮状に陥る者への探索費用が掛けられるとしても，これは社会的に無駄とは言い難いかもしれない。

そこで，窮状に付け込む暴利行為が公序良俗違反とされうるのなら，論拠のさらなる考察が必要となる。この点は，⊇❸の公序良俗で検討する。

▌(4) 複雑類型③——心裡留保・虚偽表示 ▌

第3に，心裡留保や虚偽表示の場合，一方で，契約の効力を表示通りに認めると❶の①の意味での非効率が生じることは疑いない。他方，民法94条2項の類推適用に表れているように，どの程度まで本人の保護を認めるか，つまり，どの程度までそうした①の意味での非効率を重視するかは問題である。

この点については，一方の極に，虚偽外観を許容するなら相手方その他の第三者に③の意味での調査費用が掛かることになり，この費用の最小費用回避者が本人であることを重視して，責任を認めるべきとの見解がある。こうした見解を貫く限り，本人が重過失によって虚偽外観を作出した場合も責任を認めるべきだとの見解につながりやすいように思われる（錯誤で表意者に重過失がある場合には原則として錯誤主張ができないこと〔民法95条3項柱書〕も参照）。

他方の極に，表示はそのまま受け取られることにより円滑な取引を進めることができる手段となる公共的価値を持つ財産であり，こうした公共的価値を希釈化する形で意図的に利用しようとする行為の抑止こそが重要だと考えられている可能性もある。つまり，他人名義の登記の放置のような意図的でない形での虚偽外観の利用は少ないと考えられる一方で，意図的な利用を許容するなら真似する人が増えることになり，この蓄積により表示の価値が減退すると考えられるわけである。この結果として，③の意味での相手方その他の第三者の調査費用が上がることになり，また，こうした虚偽外観をうまく利用しようとする者が誘引されて詐欺同様に②の費用をかけることになる。こうした見解を貫く限り，意図的ではなく重過失による虚偽外観には，本人の責任を認めないでよいとの見解につながりやすい。

契約の内容規制

次に扱うのは，契約の内容規制である。この規制の根拠は，契約締結過程規制で見た観点と重なり合うところもありつつ，以下で見るように独自の観点があることに注意が必要となる。

1 任意法規の解釈論

一定のルールを考える上で，それが任意法規なのか，それとも強行法規なのかも，経済学的には重要である。つまり，取引費用が小さければ，これを合意により回避できることを前提に，回避できる規律としてどのようなものを措定するかという問題（任意法規）と，回避できない規律としてどのようなものを措定するかという問題（強行法規）がある。

このうちまず，任意法規（デフォルトルール）の意義は，経済学的には，**1** の①マジョリタリアンデフォルトや②ペナルティデフォルトで説明される。

| (1) マジョリタリアンデフォルトの内容 |

まず，①マジョリタリアンデフォルトを説明しよう（なお，マイノリティのデフォルトを用いる場面が有利となりうる可能性については，第**9**章で後述する契約の解釈の場面を参照）。ここには，2つの種類の正当化がある。

(i) 取引費用低減に注目したマジョリタリアンデフォルト

第1の種類①−1としては，取引費用，ここでは「別段の定め」をする費用が小さいと仮定する。この場合，任意法規の意義を契約締結の際に細かな条項を定める費用を低減する，つまりは，取引費用を低減することだと考え，かつ，潜在的に多数の当事者（マジョリティ）が考えることに沿って任意法規を作っておけばこの取引費用低減が実現されるとして，**マジョリタリアンデフォルト**が正当化される。ここでは，マイノリティは任意法規を改変して「別段の定め」をする必要に迫られるが，その取引費用の総和は，マジョリティが「別段の定め」をしなければならない取引費用分よりは小さいと考えられる。ここで

は，マイノリティの個々人により別段の定めをする費用がマジョリティの個々人のそれとほぼ同様だという合理性のある仮定が用いられ，その結果，マジョリティのその費用の総和よりもマイノリティのその費用の総和が低いことが想定されている。

CASE 8-2

　100 人のコミュニティがあり，70 人はルール A を望む一方，30 人はルール B を望むとする。また，デフォルトルールに対して「別段の定め」をする費用は 1 人あたり 5 としよう。

　ここでルール A を任意法規とすると，ルール B を望む 30 人は「別段の定め」でルール B を導入するだろうから，この取引費用の総和は 150（＝5×30 人）となる。これに対し，ルール B を任意法規とすると，ルール A を望む 70 人が「別段の定め」でルール A を導入するから，取引費用の総和は 350（＝5×70 人）となってしまう。この例のように，マジョリティが望むルールを任意法規にした方が，取引費用を節約できるわけである。

　(ii) **内容に注目したマジョリタリアンデフォルト**

　次に，第 2 の種類①−2 としては，取引費用，つまり，「別段の定め」を行う費用が大きいと仮定する。この場合，マジョリティもマイノリティもどちらも取引費用が大きいためにデフォルトルールを回避できないとして，マジョリティに有利なルールを定めた方がマイノリティに有利なルールを定めるよりも効率的なルール内容となる，という形でマジョリタリアンデフォルトが正当化される。ここでは，マジョリティに有利なルール内容を定めることによるマイノリティの個々人 1 人あたりの不利益と，逆にマイノリティに有利なルール内容を定めることによるマジョリティ個々人 1 人あたりの不利益を比較すると，ほぼ同じだとする仮定が置かれている。だからこそ，内容面での不利益の総和をマジョリティとマイノリティで比較する場合，デフォルトルールが回避されないとしても，マジョリティに有利なルールを定めた場合の方が不利益の総和が小さいと考えられるわけである。このことを次の例で見てみよう。

ここで，ルールＡを任意法規とした場合の不利益の総和は180（＝6×30人）だが，ルールＢを任意法規とした場合の不利益の総和は350（＝5×70人）となり，よって，ルールＡを任意法規とした場合の方が効率的となる。

(iii) ２つのマジョリタリアンデフォルトの比較

以上を前提に，①-1と①-2を比較する場合，①-1で注目したデフォルトルール回避の１人あたりの費用と，①-2で注目した自分に不利なルールを選ばれる不利益という１人あたりの費用では，①-1で注目する費用の方が①-2で注目する不利益との比較でマジョリティとマイノリティの間で同一だという仮定が成り立ちやすいと考えられる。また，任意法規が回避されない可能性については，任意法規の硬直性に関する行動経済学の議論が出るまではあまり真剣に受け取られてこなかった。そのため，①-1を前提とした説明が多かったように思われる。ただ，①-1にせよ，①-2にせよ，前提とした条件は通常は成り立ちやすい条件だとはいえる。そのため，マジョリタリアンデフォルトは通常正当化されやすいと言えよう。

(2) ペナルティデフォルトの内容

次に，②ペナルティデフォルトを説明しよう。②では取引費用，つまりこの文脈では，「別段の定め」をする費用は，小さいと仮定する。②は，契約当事者が隠している情報がある場合に，「別段の定め」をした方が有利な任意法規を定めることによって，この隠している情報を開示させようとするものである。

たとえば，宅配便の運送契約においてサイズから判断できる通常の損害額に，運送人の債務不履行責任が制約されるのが任意法規だとしよう。ここで，この通常の損害額より高額な物品を輸送してもらう依頼人としては，高額な物を運送してほしいと伝えたくない。というのは，高額な運送品を依頼するとなれば，通常は運賃の支払意思額も大きくなるため，運送人は高額の運賃を請求してく

るかもしれないからである。他方，賠償額が通常の損害額に制限されているのであれば，高額の運賃を課されることを覚悟して，賠償額の上限につき高額の運送品に合わせて「別段の定め」をした方が，依頼人に有利である。というのは，高額品の輸送であれば，ハンドの公式に照らして運送品の高額性に見合った高い注意をさせるのが効率的であって契約利益を増大させるところ，このような高い注意を引き出すためには，不法行為の箇所で見たように高額の賠償額が必要となるからである（賠償額があまりに低いと過小注意になるとした第**2**章*6*の議論を参照）。運送契約について高価品の特則を定める商法577条は，以上のように正当化できるわけである。

このように，情報を隠している側に不利な任意法規を導入することで，「別段の定め」をするインセンティブを与え，この「別段の定め」により情報を開示させるのがペナルティデフォルトである。

┃⑶　マジョリタリアンデフォルトの優位性──機能場面の重なり合い┃

この①マジョリタリアンデフォルトと②ペナルティデフォルトの関係について，1つ注意が必要なのは，②のペナルティデフォルトの機能はマジョリタリアンデフォルトでも達成されるということである。

すなわち，一方で，マイノリティはマジョリタリアンデフォルトに対して別段の定めをすることが自分に有利に働くため，この別段の定めを通じてマイノリティの隠された情報が開示されることになる。これを②−1広義のペナルティデフォルトと呼ぼう。ただ他方で，②の固有の意義を強調する場合，マジョリタリアンデフォルトでなくても効率的な場面があるというのが，ペナルティデフォルトの独自性である。すなわち，多数派の合意するところに沿う任意法規でないとしても，開示される情報の価値次第では，多くの者が別段の定めを行わざるを得ずこのために取引費用がかさんでもなお効率的な場合がありうるということである（つまり，マイノリティのデフォルトだったとしても効率的な場合がある）。これを②−2狭義のペナルティデフォルトと呼ぼう。

そして，ペナルティデフォルトとして紹介される場面には，②−2のみならず②−1も混じっている。たとえば，高価品の特則に関する商法577条は，多くの者は高価品を運送契約で送らないと考えるならマジョリタリアンデフォル

トであって，ペナルティデフォルトとしての意味は②-1にとどまる。

(4) マジョリタリアンデフォルトの優位性——任意法規の硬直性

(i) 任意法規の硬直性が生じる原因

　以上の原則的な問題のほかに①と②の関係を考えるにあたっては，任意法規の硬直性という問題も意識する必要がある。つまり，デフォルトルールには，これを低い費用で回避できる場合であっても，回避しない心理的バイアスが存在することが知られている。こうした任意法規の硬直性を生み出す心理的バイアスは，現状維持バイアスとして知られており，さらにメタ的には変更によって失敗することを回避する後悔回避バイアスで説明できるとも言われている。この後悔回避バイアスを前提とすると後悔に慣れていない人間，つまり，得も損もする取引に慣れていない人間にこうした現状維持バイアスが強く表れるということになり，実際，こうした傾向を示す実験もある。

(ii) 硬直性の下で設定されるべき任意法規

　かりに任意法規の硬直性が正しいとすれば，ペナルティデフォルトの意味のうち，②-2の狭義のペナルティデフォルトの有用性は割り引いて考える必要がある。少なくとも，バイアスの影響を受けやすい当事者には，妥当しづらい正当化となる。

　また，任意法規の硬直性を意識した場合，マジョリタリアンデフォルトを用いることになるが，この意義は取引費用の削減ではなくなる。そうではなく，デフォルトルールが回避されないことを前提に，内容面での効率性の高さを意識したものになろう（(1)の①-2）。さらに，任意法規の硬直性をもたらす要因として前提とされているように，個々人の意思決定へのバイアスの影響を考慮した場合，効率性の基準としては現実に望んだものというよりバイアスの影響を取り除いた反現実的な選好を持つ個人を用いて考えることになる。そして，ペナルティデフォルトと違い，マジョリタリアンデフォルトでは硬直性を考慮した場合でも正当化要因が成り立つ可能性が高いので，マジョリタリアンデフォルトはペナルティデフォルトに比べ一般性の高いルールだということができる。

⑸　マジョリタリアンデフォルトと慣習

　では，マジョリタリアンデフォルトをどのように確定するかであるが，この際に役立つのが慣習である。すなわち，多くの人が行っていることを参考にするわけである。そして，商人間では特に，このような慣習からマジョリタリアンデフォルトの推定が成り立ちやすいと考えられる。というのは，商人間では得も損もする取引を繰り返す以上は心理的バイアスが少ないと考えられ，この結果として自らに不利なルールが硬直性ゆえに存置され続ける可能性が小さく，そのため，マジョリティが真に望む形でのルールに慣習が近づいていくと考えられるからである。商慣習法が任意法規よりも優先するとの商法1条2項のルールは，このように正当化することができよう。

　これに対し，こういった商事と無関係の慣習は，バイアスの影響を受けて形成され，しかも，バイアスの結果として不合理なものが残存する可能性がある。そこで，商事以外の慣習では，バイアスの影響を勘案しつつ，この任意法規が回避されないとしても効率性が高いだろうと推察されるルールを探っていく必要があろう。

⑹　マジョリタリアンデフォルトと意思・利益

　また，慣習が使えない場合には，多数の当事者が望むことを推察するしかない。このルートとしては，次の2つのルートがある。1つは，現実に多くの当事者が望んだものに沿ってルールを考えることである（現実選好充足基準）。もう1つは，当事者の多くは合理性を有する当事者だと仮定して，この当事者だと契約から得られる価値を金銭で換算した量の総和を最大化するように，つまりは，金銭を基準とした場合の効率的な内容の契約をするように行動するだろうから，多くの当事者にとってそういった意味で選び取られるだろうルールを採用するべきだと考えることである（理想的選好充足基準。そして，この選好充足を客観的に推察させるものとして，金銭的利益だけを基準とする立場と，そうでない立場があろう。このうち前者の立場は商法でとられているように思われる）。

　このうち，マジョリタリアンデフォルトの正当化が①−1であるなら，現実選好充足基準のルートでよいはずである。しかし，デフォルトルールの硬直性

を考慮すると，①-1でよいとは言い難くなる。そこで，①-2の正当化に沿って多くの当事者にとっての利益を考えるのであれば，理想的選好充足基準のルートの方が整合的であろう。

2 強行法規の解釈論

以上のような任意法規と対照をなすのが強行法規である。つまり，「別段の定め」ができない場面である。ここには，いくつかの場面が含まれるが，次の2つの観点から説明することができる。

(1) 任意法規の基準性

1つは，以上のようにして確定される任意法規は，多くの当事者にとって効率的だと考えることができる以上，その逸脱は非効率な合意をしているのではないかと推定させる力として働くことになるということである（任意法規の基準性）。特にこの推定は，事業者間のようには効率的な合意をする能力がない場面や，多くの条項が含まれる定型約款のように条項の意味内容や重要性を看過しやすい場面で，働きやすい。

そこで，消費者契約法10条や定型約款規制が任意法規よりも不利な内容での合意を特に規制している背景には，任意法規に反する合意のこういった推定力が作用しているとみることができよう。

(2) 強行法規固有の解釈論

もう1つは，強行法規固有の解釈論である。ここには様々なものが含まれる。

1つの方向性として，当事者の合理性を疑うことが考えられる。たとえば，ⓐ当事者の合理性に不十分なところがあり，そのままでは非効率な契約を締結する見込みがある場合には，こうした強行法規が役立つ可能性がある。特に，価格のように任意法規がない場面でも，極端な暴利的な合意内容であれば，こうした契約内容から一方当事者の合理性の不十分さを推定することが考えられる（後述の3(1)も参照）。

あるいは，当事者の合理性を仮定する方向も考えられる。たとえば，ⓑ当事者が十分に合理的でも，債務者の信用性といった債権者からわからない情報を

第三者から債務者に開示させるために，信用性が欠けていた場合には第三者が提供する保証や物上保証を通じて不利益が生じる枠組みを設定するシグナリングという方法があるところ，このシグナリングが過剰になることにより費用が利益を上回る場合には，これを強行法規により禁じた方がよいこともある（シグナリングの説明は，第9章 12(4)(5)を参照）。また，ⓒ物権法定主義に見られるように取引費用削減のための画一性保護を図るという方向もある（第5章 2参照）。さらに，ⓓ「別段の定め」を行うことで他人の貢献にフリーライドする場面で集合行為問題を防ぐための強行法規もありうる（集合行為問題は，第10章 12(2)(3)参照）。

さらに，当事者の合理性とは無関係に考える方向性もありうる。たとえば，ⓔ殺人契約など許されない選好に契約上の保護を与えるのを禁じるために，この保護を強行法規的に否定することもある。

以上のⓐからⓔは網羅的ではないが，これらの共通点をまとめると，任意法規たる一定の規律の回避により効率性に不都合が生じる場合には，強行法規が選択されることになるということである。

3 一般条項型内容規制の原型——公序良俗——————————●

以上の強行法規で対処すべき問題は，個別規定の形をとる強行法規で解決されている場面が多い。しかし，個別規定による解決では非効率が生じる場合がある。すなわち，規律されるべき事案が多く生じない問題について，事前に詳細な個別規定を設けることは，高コストである（詳細な調査が必要になる上，状況の変化に応じて頻繁な改正が必要となる）。むしろ，そういった問題については，裁判時までに入手可能なすべての情報を裁判所が用いて判断する方が低コストなことがある。こういった裁判時までの情報を利用して裁判所が裁量的判断を行える余地が残されているのが一般条項である。

この一般条項の1つが公序良俗である。公序良俗には，様々な場面が含まれている。

（1）契約締結過程連続型

（ⅰ）不利益な内容を招く契約締結過程

　一方で，❶**2**(3)の窮状利用のように，契約締結過程にも注目すべき場合がある。つまり，暴利行為では，無知・無思慮・窮状の利用が問題となる。ここでの問題は，先述したように，契約内容として非効率が生じているのかどうかである。この点を考える上で参考になるのが心理的バイアスの存在である。すなわち，異常な利益率を上げている取引がある場合には，何らかの心理的バイアスが作用して，これが作用しない合理的な取引を模範型とした場合に比べて一方当事者の契約利益を大きく損なっているのだと考えるわけである。ここでは，心理的バイアスの中身に切り込んでいくことが重要となる。

　たとえば，過去に問題となった清算義務のない非典型担保による担保価値丸取りを認める契約条項では，近視眼バイアスや楽観主義バイアスが作用していたと考えることができる。つまり，清算義務のない担保提供は被担保債権が返済できない場合に担保提供者が将来大きな不利益を被る可能性があるところ，そういった将来の不利益よりも被担保債権につき目先の借入を容易化する利益の方が重要であること（近視眼バイアス），および，被担保債権が返済できないという自分にとって悪いことの確率は過小評価してしまうこと（楽観主義バイアス），こういった心理的バイアスを利用して搾取する条項が，上記の条項だったとみることができるわけである。

（ⅱ）私的利益を得るため社会的に過剰な投資が生じる可能性

　あるいは，窮状利用の悪性に関しては別の説明も可能である。この点を考える上で参考になるのは，事務管理である。つまり，事務管理は社会的に有用な活動であって促進すべき活動であるところ，報酬請求権を与えてまで促進するという態度はとられておらず，解釈上認められる報酬請求権は費用と同視できる場面（医者など職業上一定の報酬が請求できる場面であり，機会費用の一種）で通常要求できる額に限られている。

　このように報酬請求を原則認めない理由の前提となる事情は，事務管理のような窮状で被救助者が支払ってもよいと考える報酬額は極めて多くなるところ，この額をそのまま認めると，この高額報酬が潜在的な被救助者を探索するため

などに掛けられる費用や救助者の呼び水となってしまう。したがって潜在的な救助行為に過剰な重複投資が生じる可能性があることである。このように見ると，事務管理で報酬請求権が定められていない理由は，こうした潜在的救助のための過剰な重複投資を報酬請求権で促進する状況より，人々の善意や公共サービスを利用した窮状からの解放を実現する現状の方が安上がりだからということである。

▌ (2) 契約内容型 ▌

他方，契約内容に注目する場合もある。効率性に注目できるものとしては，次のものがありうる。

(i) 所有権の処分制限

たとえば，所有権の処分制限は公序良俗違反とされるが，この点は効率的利用の阻害という観点から考察する立場がある。また，**2**(2)で前述したところからすれば，物権法定主義の根拠と同様に，トラブルに巻き込まれないようにするために，相手方の調査費用を引き下げるという意味があろう。

(ii) 差別禁止

次に差別禁止については，効率性の観点から理由付ける可能性がある。たとえば，労働力としての男女差別が根強く存在して賃金が低く抑えられている場合，女性は労働市場に参加しようとせず，また，高賃金を得るためのトレーニングが割に合わないことになり，非効率が生じてしまう。なお差別が非効率であることを所与として，どのようにしたら差別をなくせるかという研究もある。

差別の経済学的背景としては，①雇用主の差別的嗜癖，②同僚や顧客などの差別的嗜癖を満足させることによる雇用主の費用低減，③統計的差別という3つの観点が指摘されるのが通例である。たとえば，一定の企業において，一定の人種の雇用に積極的でない理由としては，雇用主がこの人種に差別意識を持っていること（①），同僚や顧客がこの人種に差別意識を持っているためにこの人種を雇用するともっと高い給与を支出しないと同僚を雇えないなどの雇用主の不利益が生じること（②），一定の人種は統計的に学業スコアが劣っておりその人種を雇用しない方が確率的に見て有能な者を雇用できる可能性が高まること（③），といったものがある。そして，このうち①は競争圧力で解消

可能だが（差別的嗜癖を持つ雇用主は，被差別集団のうち低コストで有能な者を雇うことができず，競争上不利になる），②や③はそうではない。

(ⅲ) 不特定多数への加害

さらに，有害物質のような不特定多数に害をなす物の売買は，**2**で見た集合行為問題（⇒第**10**章⓵**2**(3)）からして，被害者による交渉や損害賠償を通じた抑止の費用が高いと見込まれるため，禁じられるのだと考えることもできる。日本法のこういった例だと，（法令違反とも重なるが）毒入りあられ事件（最判昭和39・1・23民集18・1・37）が考えられよう。

4　一般条項型内容規制の特殊例──約款規制────────●

約款の問題は，以上のような公序良俗，特に，心理的バイアスによる影響の拡張として考えることができる。

(1)　約款の非効率さの原因

つまり，以下のような事情により，非効率な条項が入りやすい，あるいは，存置されやすいと考えられるわけである。

(ⅰ) 約款は読まれないこと

第1に，非効率な条項が入りやすい事情として，また，当事者が約款を読まない場合の理由付けにも，心理的バイアスがかかわっている。すなわち，伝統的な経済学では合理的無関心により約款を読まず，また，読まない約款に関しては自分にとって最も悪い条項が挿入されていると考えると仮定されてきた（なお，合理的無関心は，2つに分解される。1つは，約款を読む費用がこの利益に見合わないことである〔情報処理費用問題〕。もう1つは，この利益に関して，他の契約相手方が約款を読んで契約内容の改善圧力を働かせるなら，この改善圧力にタダ乗りすることが期待できる結果，自分の努力による利益期待値が小さいことである〔フリーライド問題〕）。この後者の仮定における悲観的観点による推論過程は，いわゆる逆選択でのレモン・マーケット問題と同じである（レモン・マーケット問題は，第**12**章を参照）。しかし他方，われわれはそこまで悲観的に約款を見ているわけではない。むしろ，想像していたのとは違った条項が入っているからこそ，不意打ちにあたる約款が多いとして規制が議論されている状況にある。ここでは

約款使用者に対する信頼が問題となっている。この信頼は楽観主義バイアス，つまり，相手方は裏切らないだろうと仮定する心理的バイアスに由来する部分もある。約款は，こうした心理的バイアスによる信頼が悪用されうる例として，規制の対象となっていると考えることができるわけである。

(ii) 約款は硬直的であること

第2に，非効率な条項が存置されやすい事情として，硬直性がある。ここで問題とされるのは，任意法規の硬直性と同様の問題は，約款でも現れると言われていることである。つまり，一定の約款が広く用いられ，これがデフォルトと感じられる状況では，これを変更する圧力が働きづらいということである。このため，こうした約款の場合，通常の場合に比べて裁判所による介入で規律の在り方を変更することが正当化されやすくなると言える。

(2) 約款が読まれないことに注目した約款規制

これらを前提とした約款規制のロジック，特に1つ目の原因である約款が読まれないことに注目した場合の規制のロジックは，次のようにいうことができる。すなわち，約款使用の相手方が，自分に不利で非効率な条項の自分にとっての不利益さを過小評価している場合に，①約款使用者がその不利益さを相手方に自覚させる措置をとった場合に限って内容とすることを認めるか（直接的な情報非対称・バイアスの除去。民法548条の3参照），あるいは，②約款使用者に不利な内容で約款の条項を定めてこの約款使用者の費用負担を価格というわかりやすい形で相手方に提示させるか（価格という間接的な形にすることによる情報非対称・バイアスの除去。民法548条の2第2項参照），このいずれかによって，情報の非対称や心理的バイアスの非効率さを除去・軽減しようとしている。このことを次の例で見てみよう。

CASE 8-4

　故障に対する修理対応が任意法規になっていることを前提として，自社生産の電化製品を事業者Aが消費者に10000円で直接販売する場合に，故障に対して無償での修理対応をすると契約1件あたり500円の費用が事業者にかかるとしよう。また，同様の機能を持つが同じような故障をしない競合商品が10200円で事業者Bから売られているとしよう。

この場合に，修理対応を約款で排除できるなら，事業者Aの製品の方が安く見える。しかし，約款で排除された修理義務は消費者が実際には費用負担することになるから，消費者は実際には事業者Bと同じような商品を事業者Bからよりも高値で購入してしまっていることになり，パレート改善の余地がある非効率な取引に誘導されていることになる。この弊害の除去として，①を重視するなら，事業者Aによる修理対応を排除する約款の条項につき消費者に分かりやすく説明した場合に限り，当該条項の効力を認めるという扱いになろう。また，②を重視するなら，約款で修理対応を排除する条項を認めないとする扱いをすることで，事業者Aは500の追加費用を負担することになるが，この費用は価格の一部として提示されることで，消費者は費用面を含めた比較検討が可能になる。そして，こうした①や②のロジックは，いわゆる製造物責任で，指示警告上の欠陥がある場合に責任を認めるか（直接的な情報非対称・バイアスの除去），あるいは，こうした指示警告上の欠陥がある場合に責任を認めるということでは解決できないであろう場合に，製造者の責任を認めて損害賠償分を価格転嫁させることで，価格というわかりやすい形で危険性を自覚させるか（価格という間接的な形にすることによる情報非対称・バイアスの除去），こういった手法と同じロジックである。

(3) 約款の硬直性に注目した約款規制

　これに対し，2つ目の原因である約款の硬直性に重きを置くのであれば，情報非対称やバイアス除去という作用よりも，直接に裁判所が効率的な条項に置き換える作用が重視されていることになろう。この約款の硬直性を規制根拠とすることは，1つ目の原因に重きを置いた上記①②の規制のうち，一方で，①のやり方とは整合せず（情報提供を充実させても「別段の定め」は期待できない），他方，②のやり方につき補助的根拠を与えることになろう（差が価格差に還元されていくなら，市場による改善が期待しやすくなる）。

第9章

契約の解釈と不完備

　第7章と第8章では，契約の成立と効果，契約締結過程の規制と契約内容の規制をそれぞれ見てきた。具体的には，契約は効率的な履行を促して当事者が契約から得られる価値を最大化するためにその効果や成立が認定されること，および，締結過程や内容について非効率が大きくなる場面で契約の効力が否定されること，これらが見てきた内容である。

　ここ第9章では，契約の解釈と不完備という問題を見ていく。

　具体的に，少し内容のポイントを先取りすると，契約の解釈は大まかに言って第8章で見た任意法規の問題の拡張である。すなわち，一定の解釈を採用することがペナルティデフォルトと同様に情報開示など当事者のインセンティブに影響を与えるか，また，一定の解釈の採用がマジョリタリアンデフォルトと同様に同種の立場に置かれた多くの当事者にとって利益となるか，という問題である。

　また，不完備という問題は，こうした解釈が役立つべき場面，および，解釈によってもルールが確定できない場面を指す。こうした不完備契約の意義を論じることは，不完備が生じやすい典型的場面の一つである会社法の問題を今後見ていく上で，議論の橋渡しという意味を持つことになる。

1 契約の解釈

契約の解釈は，これまで見てきた問題の集大成である。すなわち，当事者が得られる利益を最大化して効率性を実現するために，契約内容の確定方法の1つとしてみてきた任意法規の意義と同様の観点から，解釈として契約内容を確定していく，ということである。

1 契約解釈の概要───────────────────────●

契約解釈について，当事者の（現実の選好を表明するものとしての）意思や（ある程度客観的に確定可能な）利益が重視されると述べられるのが通常であろう。ただ，こうした意思と利益の関係については不明確な点が多い。これを法と経済学の立場から整序すると，1つの立場としては，次のようになる。

▌(1) 当事者の現実意思の重視 ▌

まず，原則は契約当事者の現実の意思を重視して，契約解釈を行うことになる。というのは，自分にとっての利益をよく知りこの知識に沿って行動する者は裁判所よりも当事者であると通常は考えられる以上，当事者の意図に沿った解釈は当事者の利益を最大化する可能性が高いと考えられるからである。ここでも，マジョリタリアンデフォルトとして，当事者の多くにとってこうした当事者意思優先ルールの利益が高いからこそ，この解釈準則が採用されているわけである。

ただ，問題は，こうした意思が不明確な場合，あるいは，上記のマジョリタリアンデフォルトの背景となった意思と利益との調和が崩れる場合である。この場合，（重なる部分もあるが）2つの方向性がある。

▌(2) 当事者行動の動機付け──ペナルティデフォルトと連続 ▌

1つは，ⓐ契約当事者の一方の行動を動機づけるべきことが明らかな場合に，この動機づけを図るために，解釈を利用する方向性である。これは，当事者の

動機付けのために解釈基準を利用するものであり，ペナルティデフォルトと共通した機能を持つ。ここ@には様々なものが含まれうる。

(i) 当事者意思の明確化

1つの例として，当事者の意思を明確に表明することを動機づけるために，これが期待できる者に有利な解釈を否定することが含まれる。つまり，契約の不明確化を防ぐための最小費用回避者に，明確化の動機を与えるために，この不明確化の回避を結果回避義務と理解した上で，その違反への制裁として解釈を利用するわけである。たとえば，不明確解釈準則が，これに該当しうる（相手方への情報提供を促して効率的取引へと誘導し，かつ，不明確性ゆえに生じるリスクを低減させてリスク回避的な当事者に不利な契約にならないようにするという意味である）。

(ii) 機会主義の防止

別の例として，機会主義を防ぐために解釈を利用することも含まれる。つまり，契約から得られる価値を最大化するとの相手方の合理的期待が故意によって侵害されるのを防ぐため，解釈を利用することになる。たとえば，（最小費用回避者として根拠づけることもできるが）契約解釈における客観的解釈準則や一致した主観的意味の優先原則は，こういった点から根拠づけることができよう（客観的解釈は主観的意思と合致している可能性が高いから，主観的意思がこれと異なると述べる者は嘘をついて機会主義的行動をとっている可能性が高い。また，主観的意思の合致がある場合には，客観的意味は異なるという反論が，主観的意思に沿う契約から離脱するために機会主義的に利用されうる）。

(3) マジョリタリアンデフォルトによる内容確定

もう1つは，⑥自己利益をバイアスなく最大化する当事者を仮定して，潜在的な契約当事者の多くにとって合意されたであろう内容を推察すること，すなわち，マジョリタリアンデフォルトによって解釈を行うことである。つまり，一定の類型化可能な外形的事実から，この類型の事実に関わる多くの当事者がそのように考えるであろうという線に沿って，解釈を行う方向性である。この方向性がよい理由は，このような解釈を行うなら，マジョリタリアンデフォルトの機能である取引費用低減が図られうるからである。

2 マジョリタリアンデフォルトとしての解釈基準————●

そして，この⑥のマジョリタリアンデフォルトを考える上では，任意法規と同様に慣習が参考になると考えられる。しかし，商人間の慣習であればともかく（商法1条2項参照），それ以外の者の慣習に合理性があるかは慎重に見極めねばならない。また，慣習がない場合には一から確定する必要があろう。

そこで，このマジョリタリアンデフォルトを考える上で，多くの当事者の意思を推察するものとして，多くの当事者にとっての利益が問題となる。

▌(1) 利益の判断基準時 ▌

ここで，利益は，大きくは2つに分解される（第**7**章①）。第1に，裁判時から見た当事者の利益である。第2に，契約時から見た当事者の利益である。たとえば，生命保険契約を見ると，保険契約締結後すぐに死亡した場合，裁判時からは当該保険契約は保険契約者側に利益を与えるように見えるが，契約時から見ると当該保険契約により利益が得られるかは不明確であって保険契約者に一方的に利益を与えるものではない。

マジョリタリアンデフォルトの背景となる多数当事者の意思を推察させるものとして重要なのは，このうちの後者，契約時から見た当事者の利益である。

▌(2) 利益の内容①——全体の考慮 ▌

次に，この契約時の利益は，特に，一定の条項に注目して考える場合，また，潜在的な契約当事者の利益に注目した場合，さらに次の3つの軸から明確化される必要がある。

1つ目の軸は，一定の契約条項のみを取り出して利益の有無を考えるのか，それとも，契約全体を見て利益の有無を考えるのか，である。上記の生命保険の例だと，保険金支払いに関係する条項は保険契約者に利益を与える条項であるが，保険料支払いなども併せて考えると，両当事者の利益につり合いが取れていると言えよう。よって，契約時点から見た場合，契約全体は，多くの潜在的保険契約者にとって，意思に合致していることになろう。

2つ目の軸は，一定の条項がない状態との比較を，単純に条項を見て行うのか，それとも，条項を挿入するか否かにつき契約当事者の行動に変化をもたらすかどうかを判断して行うか，である。

たとえば，生命保険契約では，自殺の場合に保険金を支払わない免責期間が定められることが多い。これは，保険契約者に不利益を与える条項であるように見える。しかし，こうした条項を認めないなら，保険契約者が自殺の意図を隠して保険契約を結んで保険金を受け取ることが許される可能性がある。こうした可能性は，保険会社側の保険契約の拒絶や保険料引き上げを招きかねない。このように条項の有無は，契約当事者の行動に影響を及ぼすわけである。そして，保険会社側の保険契約拒絶や保険料引き上げという行動は，潜在的な保険契約者の不利益となる。契約当事者の行動まで予測した場合，当該条項は，挿入しない方が潜在的な保険契約者の多くにとって，不利益となるわけである。したがって，多くの潜在的保険契約者にとっては，こうした条項を入れることが意思に合致することになろう。

なお，この行動変容の影響を探るにあたっては，ゲーム理論の利用が有用である。すなわち，自己利益を追求して行動するのが通常の当事者だとしても，この自己利益追求は相手方の行動を全く考慮せずに行うのではなく，むしろ，相手方は自分の行動を予測した上で自分と同じように自己利益の追求を図ってくるだろうと予測し，これに応対する形で自分も相手方の行動を予測して行動すると考えるわけである。いわば，将棋のように，自分も相手方も相互の将来行動を予想した上で自己利益を最大化しようと行動すると考えるわけである。上記のような保険契約の条項に関する考察も，この応用例である。

⑷ 利益の内容③──利益増加の考慮

3つ目の軸は，当事者の利益の総計を増加させる条項か，そうではなく，当事者の一方から他方へ利益を移転させるにすぎない条項か，である。

たとえば，上記のように自殺の免責期間を定める条項は，一方から他方に利益を与えるだけの条項に見える。しかし，逆選択（別の言い方として，逆淘汰）

を防ぐ条項として，つまり，保険契約市場を崩壊させることを防ぐものとして，潜在的な契約当事者の利益になる。したがって，多くの潜在的保険契約者にとって，こうした条項を入れることが意思に合致すると言えよう。これに対し，売買価格などのように一方から他方へと利益を移転させる条項については，その解釈がどのようなルールによるべきか，争われている。

なお，この3つ目の観点については，1つ目，2つ目の観点と関係して効率性の増大にとって契約条項が経済学上，大きな役割を果たすと考えられている学問領域として，情報の経済学がある。たとえば，モラルハザード問題の回避について参加制約（当該契約内容が自分に妥当するとして，契約に入る方が契約に入らないより有利か？）とインセンティブ制約（当該契約内容が自分に妥当するとして，契約から得られる報酬や契約で課されるペナルティに照らして，自己利益最大化を目指して行動することが契約利益を最大化することと一致するか？）という2つの制約を理解すること，また，逆選択問題の回避についてシグナリングやスクリーニングの機能を理解すること，これらが重要となる。

⑸　マジョリタリアンデフォルトとしての内容確定のまとめ

以上を見た上で，当事者の多くの意思に合致する条項は，マジョリタリアンデフォルトとして正当化されることになる。

ⅰ　多数派の意思を考える例——ワランティ

たとえば，（実際にはメーカーから直接買うことは少ないので，契約内容の問題ではないことが多いが）家電製品などについているワランティの機能を考えよう。家電製品が壊れても，一定期間は無料で修理・交換に応じる，という条項である。

CASE 9-1

メーカーAとメーカーBは同種の製品を販売しているが，故障率に大きな差があるとする。Aは自社製品の方がBの製品よりも製造コストが高い代わりに故障率が低いことを理由にBよりも高い価格で売りたいと考えているが，購入者にはこの故障率の違いが容易に分からないとする。Aよりもはるかに大企業であるXは，Aから高く購入する代わりに，ワランティを要求してきた。それに対し，Aはその要求を受け入れ契約を締結したが，納品後にXから不良品の交換を求められたAは，ワランティは力の強いXに一方的に押し付けられた条項であるとして，交換を拒んでいる。

約款にワランティに関する一定の条項が入っている場合に，多数派が当該条項を望むと言えるという状況であれば，契約解釈によるマジョリタリアンデフォルトに合致しているといえるだろうから，これを規制する必要は少なくなろう。

(ⅱ) 売主側逆選択の回避

そして，一方で，売主としては，自己の製品の壊れにくさを保証するためにワランティを使うことが考えられる（シグナリング）。つまり，購入者が実際に利用した後でないと壊れにくさがわからないという場合（経験財の場合），購入者から質の低い商品と質の高い商品を区別できなければ質の高い商品は高い価格での差別化ができないことになり，安いが質の低い商品に駆逐される問題（逆選択）が出てくる。ここで，故障へのワランティは質の低い商品だと返品・交換などが多くなり費用が結局高くつくので，質の高い商品でなければワランティをつけることの採算が合わないことに注目することができる。すなわち，質の高い商品の売主は，質の低い商品では採算が合わず付けられないワランティをつけることで，自らの商品の質の高さを証明し，したがって，品質に見合った高い価格で売ることができる（逆選択の回避）。

(ⅲ) 売主側モラルハザードの回避

また，売主がワランティをつけるのはそういった条項が効力を発揮しても契約から自分が得られる利益がマイナスにはならないことを意味しているが（参加制約の充足），その上で売主は製品品質のための投資を怠ると，つまり，注意水準を低くすると返品・修理費用という形で自分に費用面で跳ね返ってくるから（インセンティブ制約の充足），契約後に買主の知らぬ間に注意水準を下げてしまうという問題（モラルハザード）を回避することにも役立つ（モラルハザードの回避）。

(ⅳ) 買主側の問題

ただ，こうした情報を隠し持っているという問題は，買主の側にも起こりうる。つまり，プロなど製品の使用頻度が高く故障率が高くなる買主（逆選択），また，買った後に売主の知らない間に不注意な使い方をして故障させる買主（モラルハザード），という具合である。こうした買主側の問題を防ぐため，ワランティの期間を限定したり，修理費用の一部を買主に負担させたりして，買

主の負担を一部存置するという措置が行われる。

3　解釈基準の具体的利用例

以上のことを基礎とした上で，個別具体的な事情からある程度類型的な解釈基準が導かれることになる。すなわち，**1**⑵で見たⓐの観点を用いれば一定の行動をとらせることが望ましく，かつ，この目的のために解釈が使えることを念頭に置くことになる。また，**1**⑶で見たⓑなら，**2**で見たように大枠の問題としての利益基準時につき㋐裁判時・㋑契約時の対立，また，具体的問題としての利益内容につき①契約全体の考慮，②契約当事者行動の考慮，③契約利益全体増加の考慮を念頭に，解釈を組み立てるわけである。

たとえば，基礎事情錯誤（民法95条1項2号）を考えてみよう。基礎事情の錯誤による取消しが認められるためには，錯誤取消しの対象とするリスクを錯誤取消しの相手方に負担させることが契約内容化されていなければならないとする見解が有力である。この契約内容化を判断する上で，契約解釈が使えることになる。

⑴　一定の行動への誘導

(i)　契約内容明確化

1⑵で見たⓐについての，個別具体的な事情の考慮としては，契約内容明確化の責任を考えることができる。この点に関係するのは，契約内容を明確化する費用が低い者の方が基礎事情錯誤（民法95条1項2号）で救済されづらい判例の傾向である。たとえば，保証に関して，明示的な表示がなくても錯誤主張を認めたものがある一方で（最判平成14・7・11判時1805・56），信用保証協会という契約内容化が難しくない者には錯誤を否定した判例（最判平成28・1・12民集70・1・1）があることは，このように正当化できよう。

(ii)　機会主義の防止

また，ⓐと関連した個別具体的な事情の考慮として，相手方が知らない情報に付け込む機会主義に注目することができる。この点に関し，錯誤のところで議論されている情報を開示させるための錯誤認定の議論が，基礎事情錯誤（民法95条1項2号）の認定に使えることになる。たとえば，目的物に関する売主

側の情報開示の促しは，買主側からの情報開示より望ましいと考えられている。というのは，当該場面での情報取得にかかる費用は売主が買主より低いという非対称があること，目的物に関する情報の開示は目的物の性質にあった利用法を買主が選択できる助けとなるなど契約の価値を高めること，売主は情報取得費用を価格転嫁できるから情報開示義務を認めても情報取得のインセンティブが失われづらいこと，これらの事情があるからである。このことから，一定の情報につき誤解していることが錯誤取消しの対象になるかについて，買主側と売主側のいずれの情報かという点を考慮して基礎事情錯誤を認定すべきということになる。

　なお，この部分の記述は日本法の判例における錯誤での考慮要素とは合致していないが，買主側の誤解については契約不適合責任による追加救済が用意されており，買主の保護が強化されていることからすれば，全体としてこの記述に合致する法制度になっていると見ることができる。

▌⑵　多数派の意思▐

　ⓑについての，個別具体的な状況の考慮として，表示にもかかわらず契約内容にならない場合を考えてみよう。

　たとえば，「鉛筆をなくしたので鉛筆を買いに来た」と語る買主の言動が，基礎事情錯誤（民法95条1項2号）を基礎づけるものとして法律行為の基礎として表示されたか否か，考えてみることにしよう。

　まず，利益基準時を考えてみよう。この場合に，鉛筆が見つかったとして，買主にとっては裁判時から見れば無駄な契約が締結されたことになる（㋐裁判時からすれば契約存続利益なし）。しかし，契約時から見れば，買主にとっても利益となりうるからこそ，契約が締結されたのであろう（㋑契約時からすれば契約存続利益あり）。

　次に，利益内容を見よう。ここで，鉛筆が再発見される可能性やその利益との比較で探索費用をかけることが利益になるかどうかは買主がよりよく判断できるところ，この買主が探索を諦めて新しいものを買いに来ているとの状況は，基礎事情錯誤を認めて売主に基礎事情調査のインセンティブを与えたり基礎事情が事実でない場合に備えさせたりする費用が，買主利益との比較で費用倒れ

に終わる可能性を示唆している（③契約利益全体増加の考慮）。また，鉛筆の後の発見が基礎事情錯誤になるとすれば，費用を嫌って売主が契約を拒絶する，あるいは，買主にとって返品可能性には見合わない値上げを要求するかもしれないとの不利益が買主に生じる（②契約当事者行動の考慮）。そうだとすれば，契約全体としてこの条項を入れることは買主のためにもなるまい（①契約全体の考慮）。

　以上の結果，個別具体的な利益状態からして，上記のような言動の基礎事情錯誤該当性は否定されるべきであろう。

契約の不完備

　以上のように契約内容は任意法規や解釈で確定できる部分が大きい。

　では，不法行為法や所有権法，契約法さえあればあらゆる問題に対処できるだけの法制度のカタログが生み出されているのかというと，そう考えられているわけでもない。たとえば，すぐ後の第**2**編で見る会社法の重要な機能の1つは法主体を新たに生み出すことである。

　こうした会社法の存在が示唆するのは，契約法に機能的な限界があることである。こうした契約法の機能的限界として，契約法の最後に不完備契約の問題を見ていくことにしたい。

1　不完備契約の定義と原因————————————————●

　不完備契約は次のような定義・原因を持つ契約のことである。

⑴　不完備契約の定義一般

　不完備契約を一般的に定義すると，「不完備契約とは，取引で発生し得るすべての状況とその対応を事前にすべて記載することのできない契約，あるいは取引で発生したすべての事柄を第三者に立証することができないような状況で結ばれる契約のことをいう」と定義される。

以上の定義を分解して，より具体的にいうと，不完備契約が生じる原因は，次の3つに分けられる。すなわち，①起こりうる事態をすべて予測することはできないこと（契約時当事者能力の限界），②契約の条項につきあいまいさを残さずに記述することができないこと（自然言語の限界），③裁判所などの第三者にあらゆる事態を立証し，約束事を強制することができないこと（制度の限界），これらの3つである。こうした限界を次の例で見てみよう。

> **CASE 9-2**
>
> 履行費用の大幅な増加が予想されることを理由に，戦争が起こった場合に海外から輸入する商品の引渡義務を免責すべき条項を入れることを，買主Xと売主Yは検討しているとする。

この CASE 9-2 では，どういった戦争であれば履行を強制するとかえって契約利益を減らしかねないほどに重大かを，契約時にすべて予想して具体的な免責条項を置いておくことは難しい（①の問題）。こういった具体的に書き込めないという問題に対処するために，条項をあいまいな文言にすると，かえって解釈の幅を生じてしまう（②の問題）。さらに，「売主の履行費用が20パーセント上昇した場合」という形で免責基準を示してしまうと，これを裁判所に立証するのは難しく，あるいは，立証できるとしても履行費用は企業秘密に関係することであるとして免責のための立証に多大な付随費用がかかってしまうかもしれない（③の問題）。

2 不完備への対処と契約制度の限界

以上のような不完備は，次のように対処されうる。

(1) 契約の解釈で対処できる場面

契約の解釈は，任意法規や強行法規により解決が用意されていない場面では，以上のような不完備に対応する1つの手段である。特に，①や②の問題については有効に働きうる。つまり，①や②について，契約で書ききっていないとし

ても，当事者が契約をした目的から一定の解釈でこの内容が導ける場合がある。

⑵ 契約の解釈で対処できない場面──契約法以外へ

　これに対し，③の問題からくる不完備には，契約の解釈は有効に働かない。というのは，契約条項の要件となるべき一定の事象については**観察可能性**（契約相手から見て契約条項の要件を充足する事実があるか否かがわかるか）・**立証可能性**（裁判所から見て契約条項の要件を充足する事実があるか否かがわかるか）が乏しく，履行強制その他契約の効果が発動できないとも考えられるからである。もちろん，観察可能性や立証可能性は，費用をかければ上昇させることができるが，より少ない費用で同じことが実現できる制度があればそちらの方がよい。

　また，①や②についても，かりに裁判所が契約の解釈により妥当な解決を図れるとしても，なおその費用ゆえに当事者の合意とその強制では望ましい結果が得られないかもしれない。ここでも，より少ない費用で同じ結果がもたらせる制度が求められている。

　こうした費用の点から契約の代わりとなりうる最大の候補が，会社をはじめとした法人である。このことは，コースの定理を生み出した経済学者コースのもう1つの大きな業績である。すなわち，コースは，所有権ルールと賠償責任ルールの選択に関するコースの定理を生み出すとともに，契約と会社の選択，特に，会社が利用されるのは契約に比べて一定の場面では費用が抑えられるからであるという考察を行っている。そこで，このような費用低減という意味を踏まえて，次に会社の問題を見ていこう。

第2編

会 社 法

PART

CHAPTER 10　会社法の基本概念
11　株式会社の機関
12　上場会社におけるルール
13　倒 産 法

会社法の基本概念

　本章から，ここまで学んできたツールを活用して，会社法を分析する。株式会社や一般社団法人のように，共同で事業をするための団体のための取り決めを定める法律は組織法と呼ばれる。民法上の組合や信託も組織法の一種とみることもできる。この中でも，現代社会において規模の点から最も重要な役割を果たしているのは株式会社であることから会社法を扱う。

　最近の会社法の教科書の中にも法と経済学の発想はだいぶ取り込まれている。ここまで学んできたことが会社法の中でどのように扱われているのかを確認してほしい。

1 会社法の意義

　会社法において，法と経済学の観点から最初に出てくる問題は，なぜ会社法があるのかという点である。会社も契約の束で説明できるのではないか，契約法があればそれで十分ではないのか，会社法はなぜ必要なのかという疑問がある。

　そして，会社法の必要性を説明しようという試みはなされているものの，どの説明も一長一短があり，必ずしもコンセンサスがあるわけではない。

1 契約の束による説明

(1) 法律を標準書式とみなす説明

　当事者が会社の組織に関する取り決めを0からすべて契約で作成しようとすると非常に手間がかかる。このようなドラフティングコストを節約するためには，あらかじめ国家が，なるべく多くの共同事業にとってある程度合理的な内容を定めたいわば標準書式（フォーマットないしデフォルトルール）を用意しておけばよい。このような共同事業のための標準書式を国家が用意したものが会社法であり，会社法はなるべく多くの共同事業にとって合理的なルールを任意法規として定めるマジョリタリアンデフォルトが望ましい。

(2) 任意法規としての会社法

　だが，この発想だけで現実の会社法のすべてを正当化するのは困難である。一番の問題は，会社法が標準書式にすぎないのであれば，当事者がその内容をアレンジするのは本来自由であるべきはずなのに，たとえば株式会社における株主総会・取締役の設置強制（会社法326条1項）など現実の会社法には当事者の合意では覆すことのできない強行法規がたくさん含まれていることが説明できないという点である。

　そこで，このような標準書式としての会社法という発想に忠実に従って，現

実の会社法のルールがおかしいのであって，会社法はもっと任意法規化すべきであるという主張がある。このような主張は，会社法（とりわけ株式会社法）では，「契約の束」としての会社という立場から会社法の任意法規化という方向を志向する立場として非常に有力である。

このような見解に対して，会社法に強行法規が含まれていることを正当化しようという試みもなされている。

▌(3)　合理性の限界による強行法規性の説明 ▌

会社法が強行法規であることのもっとも簡単な説明として，当事者がそもそも合理的ではないという考え方がある。現実の当事者は，長期的な将来のことや発生確率が低い状況のことを十分に考えずに，共同事業の取り決めをしてしまうという合理性の限界がある（限定合理性）。実際に，**第8章**では，現実の当事者は非合理であるという限定合理性の問題を指摘してきた。

だが，共同事業としてビジネス（営利活動）を行うことを想定している会社法の領域では，このような合理性の限界には当てはまらない。まず，ビジネスの場面では，人間は損得計算をきちんと考えるため，比較的合理的であるということがその理由に挙げられる。ビジネスでは，宗教や文化的な活動と比べて，経済的価値の中でも金銭的価値が非常に重視され，金銭に換算できない価値は軽視される。

そして，経済的価値・金銭的価値は数字に一元化した計算が可能であるため，比較不能な価値観の対立といった問題が生じにくい。共同で事業を行っている場面であれば，自分の個人的な感情や主観的な価値観を捨てて，経済的価値に基づいた判断をするし，そのためには専門家など第三者の助言を仰ぐこともあり，熟慮の下で判断を行うことが期待できる。

▌(4)　国家は合理的な判断をしない ▌

これに対して，議会や政府といった国家権力は，個々の共同事業が儲かろうと儲かるまいと，直接収入を得るわけではない。たとえ官僚機構など専門性や能力を有していたとしても，それらを適切に駆使するインセンティブに欠けている。そのため国家には当事者以上に合理的な判断をすることは期待できない。

⑸ 「市場の失敗」と「国家の失敗」

　このことから，共同事業の当事者が完全に効率的な契約を締結できないとしても，国家の作成する法律が，共同事業の当事者が定めるよりも望ましい取り決めを作ることができるという保証が全くない。「市場の失敗」があるとしても，「国家の失敗」の危険性はもっと大きいという懸念がある。

⑹ 法律の一般性・抽象性による弊害

　また，法律で決めるとなると，どうしても，一般的・抽象的な内容となってしまい，当該共同事業における個別具体的な状況を無視したルールとなってしまう。個別具体的な状況に応じて当事者が取り決めた契約のほうが，より柔軟な対応が可能であり，より効率的な結果となりうる。

　このように，国家の作成する法律は，共同事業に関する取り決めとして完全に効率的であるとは限らないし，当事者が現実に締結した契約よりも効率的であるとも限らない。このため，組織法を契約の束として考えると，強行法規であることを説明することは難しい。

⑺ 調査コストによる説明

　会社法中に強行法規が含まれていることの正当化として，ほかには，後からその共同事業に参加しようとする者の調査コストの節約という発想がある。当事者の合意によって標準書式とは異なる内容の取り決めをすることを自由に認めてしまうと，後から共同事業に参加しようとする者は，当該共同事業の取り決めがどのようになっているのかいちいち調査する必要がある。標準書式が存在していたとしてもその通りの取り決めになっている保証がないからである。

　このような調査のための手間や時間といったコストをかけてでも利益が上がるような共同事業に参加できる機会にめぐりあう見込みが低い場合には，そもそも共同事業を探さなくなり，共同事業に参加する効率的な機会があっても参加がなされないことがある。そこで，調査費用をかけなくて済むように，標準書式の内容を変更することができないとすることが考えられる。この説明は会社法の強行法規を正当化することができる。

だが，ルールを強行法規のみとしてしまうと，前述のように，国家の作成したルールが合理的でない場合にも当事者がよりよいルールに変更することができなくなり，また，世の中の共同事業がそれぞれ直面する各共同事業に特有の問題に柔軟に対応することができなくなるというデメリットがある。

これらのデメリットと，ルールを画一化することで後から共同事業に参加する者が増えるかもしれないメリットとはトレードオフである。メリットとデメリットのどちらが大きいのかを考えて，会社法の各条項が任意法規であるのか，それとも強行法規であるのかが決まる。

2 不完備契約を理由とする決定権限（プロパティ・アプローチ）──●

ここまで「契約の束」として会社法を考えてきた。会社法を「契約の束」で説明できるのであれば，会社法には契約法と異なる点はないのか。

(1) 情報の偏在とエージェンシー問題

当事者が共同事業のための組織に関するルールの内容を完全に理想通りに契約にできない理由はドラフティングコストだけではない。

その1つが情報の偏在とエージェンシーコストである。

(i) 情報の偏在

ある共同事業者が特定の業務を任された場合，業務を実行するコストは当該共同事業者が1人で全部負うのに対して，利益は共同事業者全員で山分けされてしまうならば，事業の利益を最大化することよりもサボることを考えることがある。にもかかわらず，このサボりをほかの共同事業者が完璧に把握することはできないという**情報の偏在**がある。

(ii) エージェンシー問題

そして，ほかの共同事業者の監視が完璧ではないことを理由に，業務を委託された共同事業者（「代理人」に似た地位に立つのでエージェントと呼ばれる）が共同事業の利益の最大化のために行動しないことを，**エージェンシー問題**（agency problem）という。エージェントが個人事業として利益を独り占めでき

るのであれば上げたはずの利益と比べて，共同事業者がサボってしまうことで利益が減少してしまう。また，監視にはコストもかかる。このような，共同事業であることによって減ってしまった利益や監視費用といったコストの総額をエージェンシーコスト（agency cost）という。このような情報の偏在やそれを理由とするエージェンシー問題によって，完全に効率的な契約を締結することはできない。

(2) フリーライド

また，共同事業であれば，ある共同事業者が頑張らなくてもほかの共同事業者が利益最大化のために頑張ってくれれば，利益が増加することもある。このときにある共同事業者が「自分は頑張らなくてもよいや」と考えてしまうことを**フリーライド**（free ride）という。このようなフリーライドを共同で事業を行う共同事業者全員が考えれば，結局，誰も頑張らず，共同事業の利益は最大化しないことになる。このようにみんながフリーライドしようと考えることで望ましい利益が実現しないという問題を**フリーライド問題**という。

(3) 合理的無関心

CASE 10-1

10人で行っている共同事業において，ある1人の共同事業者がコスト20をかけて特に頑張れば共同事業全体の収入は100上昇するとする。

この場合，共同事業全体で100収入が上昇してもほかに共同事業者が9人いるため，各共同事業者の取り分は10しか上がらない。共同事業全体でみれば，1人の共同事業者が頑張るために20のコストがかかり，共同事業全体で100の収入が上がるのであるから，80の利益となり，このような特別な頑張りは望ましい。しかし，共同事業者1人1人にとっては，自分が頑張っても10取り分が増えるが，20のコストがかかってしまうので，やらない方が合理的である。

このように，共同事業に関心を持たない方が個々の共同事業者にとっては利益となるため共同事業全体にとって利益となることが行われないことを**合理的**

無関心（rational apathy）という。

このフリーライド問題と合理的無関心という2つの問題によって，共同で事業を行う場合に，効率的な結果が実現できないという問題を総称

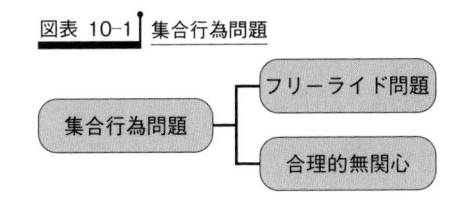

図表 10-1　集合行為問題

集合行為問題 ── フリーライド問題 / 合理的無関心

して，**集合行為問題**（collective action problem）という。

(4)　取引費用による不完備契約

ドラフティングコストに加えて，エージェンシーコストや集合行為問題など，共同事業の契約を締結する際に最も効率的（first best）な契約を締結することを阻害する要因を総称して**取引費用**という。

取引費用のない仮想世界では，組織が共同事業を営むにあたり，将来の状況をすべて予想してすべて契約に定めることができる（完備契約）。しかし，実際には将来の予測には限界があるなど取引費用の問題から，共同事業に関して将来起こりうる事態を予測し，そのすべての場合について取扱いを契約で定めることはできない。このように将来起こりうる事態のすべての取扱いについて明示的に定めていない契約を**不完備契約**という（⇒第9章 2 1 (1)）。共同事業の組織に関するルールを契約で定めようとすると不完備契約とならざるを得ない。

(5)　不完備契約への対応策

(i)　コースの定理の成り立たない世界

このような不完備契約という問題の対応策として，あらかじめ想定していなかった事態が発生した場合に備えて，特定の当事者に組織について新たにルールを決定ないし既存のルールを変更する決定権限を付与するという方法がある。このような決定権限について，単に誰に帰属するのか（たとえば会社法では，株式会社であれば株主や代表取締役に一定の権限が付与されている）を定めるだけでなく，決定権限はどのように分配されているか（たとえば会社法は株式会社について株主総会・取締役会・代表取締役の決定権限をそれぞれ定めている），決定権限行使はどのような手続で行われるのか（たとえば会社法は株主総会や取締役会の招集手続・決議の要件について定めている）が定められる。

取引費用のない世界では，決定権限の付与を誰にしても交渉と合意によって効率的な結果が実現するというのがコースの定理である（⇒第4章）。だが，現実社会にはここまで挙げたような取引費用が存在するため，決定権限の所在やその行使手続等のルールの存在が効率性に影響を与える。そこで，効率的な決定がなされるような決定権限およびその行使のための手続を定めることが要請される。

(ⅱ) プロパティ・アプローチ

会社に関するルールはこのような決定権限の所在や決定権限行使のための手続について定めている点が通常の契約との違いであり，会社法が設けられる理由とされる。ただし，契約でも，組合契約のように，決定権限やその行使手続の概要（民法670条など）について法律で定められているものも存在する。さらに契約の条項で決定権限の所在や行使手続について定めることも可能である。契約法と会社法の区分は曖昧であって，両者は連続的である（そのため「契約の束」とみる見解と矛盾するものではない）。また，不完備契約の問題に対して一定の当事者に決定権限を付与するというアプローチは所有権などの物権の存在意義の正当化にも用いられる。このため，不完備契約を理由とする決定権限の効率的な分配の定め方に組織法の意義を求めるアプローチは**プロパティ・アプローチ**と呼ばれ，会社法は所有権法とも連続性が認められる。

(6) 取引費用と強行法規性

これまで見てきたような取引費用の存在が会社法の中の強行法規を正当化する説明として用いられることがある。だが，取引費用はルール変更の決定権限を一定の主体に付与することが効率的であるということを説明するだけである。当事者がより効率的なルールを求めて，決定権限の所在や決定手続を変更したり，あるいは将来の事象を想定してルールを書き込んだりすることを否定する理由にはならない。

ただし，前述のように（⇒**1**），後からやってくる当事者の調査コストのために強行法規となることはありうる。特に当事者が多い場合には，それに応じて，新たな当事者の数も多くなり，社会全体の調査コストも大きくなることから強行法規の正当化もしやすくなる。この意味で，取引費用が大きくなるような場

合には強行法規を正当化できるという結論自体は正しいともいえる。

　また，会社法では，強行法規性の対義語として「定款自治」という概念が用いられることがある。定款自治とは，法律の定めるルールとは異なるルールを各会社が自社の定款に定めることで，定款で定めたルールを有効とする扱いである。会社法は，株主の特別多数決（3分の2以上の賛成）によって定款を変更できると定める（会社法466条，309条2項11号）。

　会社には株主以外にも役員や債権者，従業員など様々な利害関係人がいるところ，定款自治とは，株主全員や他の利害関係人の合意を必要とすることなく，株主の多数派によって決めることのできるルールの範囲を示すものである。株主の多数派が少数派株主や他の利害関係人の利益を犠牲にするおそれがあることで，会社に少数派株主として投資することや債権者・従業員となることがためらわれるようになり，ひいては会社の利益とならなくなる危険性がある。このことから，全株主の同意がある場合や他の利害関係人の同意がある場合に比べても，定款自治の認められる範囲は狭くなる（たとえば，取締役の利益相反取引に対する手続規制〔会社法356条1項2号・3号，365条1項〕を定款によって排除することは認められないが，全株主が同意している場合には当該規制を遵守する必要はないとされている）。

3　法人格と財産分離

(1)　法人格を認めるということ

　従来の教科書等では，会社法の必要性ないし意義として「法人格」を認めることができるという点が挙げられてきた。法人格とは権利義務や取引の主体となることができる能力である。だが，人々の集団は，集団自体に法人格が認められなくとも，集団全員が当事者となって第三者との間で売買契約を締結することもできることから，法人格も契約の束によって代替できる。そこで「法人格」の有無は会社法の必要性の理由になっていないのではないかという疑問が生じる。

(2) 財産分離

そのような疑問に対して，現在，契約の束では解消されない法人格の意義としていわれているのは**財産分離**（asset partitioning）という機能である。これは，会社（法人）の保有する財産が会社の構成員（社員）の財産から分離されているということである。

> ### CASE 10-2
> 会社の社員の1人が，100万円の債務を負っており，それを返済できない。この場合に，社員の債権者は会社の有する財産に対して差押えが可能か。

会社の社員が債務を負い，それを返済できない場面であっても，社員の債権者は会社の有する財産に対して差押えなどの強制執行をすることはできない（⇒図表10-2）。

社員が会社の構成員としての地位（持分）を保有しており，この会社の持分に経済的価値が認められれば，社員の債権者は，この持分に対して強制執行をかけることができる。場合によっては，その結果，取得した会社の持分に認められている権限を駆使して，会社を解散・清算することで，会社の財産の分配を受け，それをもって債権を回収することもある。

だが，それは会社の持分を保有したことによって認められた権限に基づくものにすぎない。持分の割合が小さければ会社を解散させることはできない。なにより，社員の債権者が組織の保有する財産に直接に強制執行を仕掛けることはできない。これが法人に認められる財産分離である。

このような財産分離のメリットは，法人の債権者にとって，自身の債権を回収するには法人の支払能力のみを注意していれば足り，社員の支払能力を気にせずに済むという点が挙げられる。このような債務者へのモニタリングを法人のみに限定できる点に財産分離としての法人格のメリットがある。

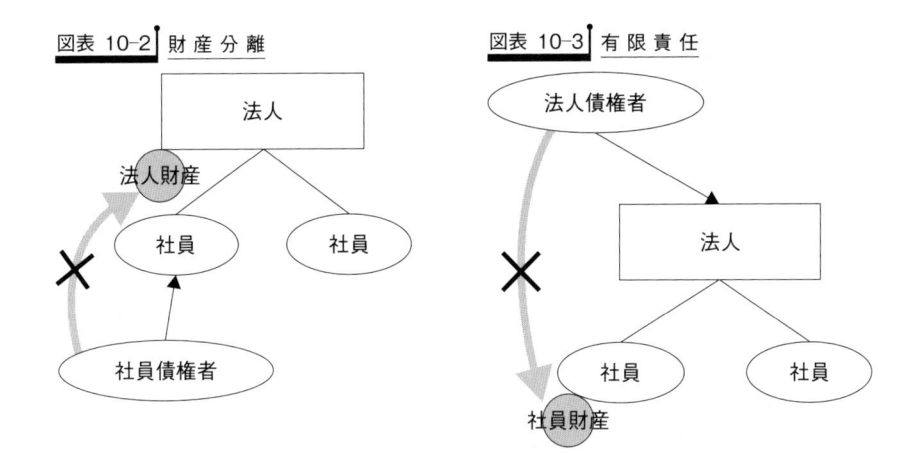

図表 10-2 財産分離

法人

法人財産

社員 社員

×

社員債権者

図表 10-3 有限責任

法人債権者

×

法人

社員 社員

社員財産

(3) 有限責任

CASE 10-3

　法人が 100 万円の債務を負っており，それを返済できない。この場合に，法人の債権者は法人の社員に債務の履行を請求できるか。

　ここまで，法人の財産が構成員たる社員の財産・取引から分離していることを説明した。これと反対に，社員の財産が法人の財産・取引から分離していることもある。法人が債務を弁済できない場合に，その責任を社員には追及できないという状況である。これを**有限責任**という（⇒図表 10-3）。この有限責任は，日本法ではすべての法人に認められているわけではない。法人の中でも株式会社や合同会社といった一部の法人にのみ認められており，合名会社は無限責任とされ，合資会社では一部の社員（無限責任社員）に対しては無限責任とされている。これに対して，財産分離（法人財産の，社員財産からの独立性）はすべての法人に認められている性質である。

　有限責任によって，社員の債権者は，自らの債権回収のためにモニタリングをしなくてはならないのは債務者である社員の支払能力のみで足り，法人の支払能力を調査するモニタリングコストを節約することが可能となる。

⑷ 会社法が必要な理由

　この財産分離や有限責任は契約だけで作り出すことができない性質であり，法人格の意義ひいては会社法が必要な理由となる。債権がすべて契約に基づくものであれば，それぞれの契約に執行可能な財産（責任財産）の範囲を定める特約を定めれば，財産分離や有限責任を契約で実現できる。だが，債権には事故や公害など契約とは無関係に行われる不法行為によるものも存在する。財産分離や有限責任はこのような不法行為債権にも適用されるため契約では作ることはできない。

　また，契約債権者に限っても，すべての契約に責任財産の範囲を定める特約を付けるのはコストがかかる。財産分離や有限責任には，このような契約のコストを節約する効果もある（「標準書式」としての組織法）。

　有限責任のない財産分離については，先述したように，社員の債権者が法人の財産に直接強制執行をかけていくことはできないだけであって，社員の持分への強制執行は可能である（合名会社や合資会社の社員のうちの無限責任社員がこれに該当する）。債権者は取得した持分を用いて，法人を解散・清算することもできるし，持分の払戻しを受けることもありうる（ただし株式会社など有限責任の法人においては法律上，払戻しは厳格に制限されている）。

⑸ 法人格の意義（財産分離）と担保法制の類似性

　財産分離とは，法人の財産について，まず先に法人の債権者から債権回収を図っていくことである。その後，余っている財産があれば，社員の債権者が社員の持分の払戻しや清算における残余財産分配請求権に強制執行をかけるという形で債権を回収する。このことは，法人の財産について，法人の債権者が優先的に回収し，社員の債権者は劣後する地位に立つという債権者間の優先劣後関係を意味している。

　特定の財産に対する債権者間の優先劣後関係を定める法制度には，民法上の担保物権に代表される担保という制度も存在する。よって，事業用の財産にまとめて包括的に担保権を設定する手段があれば，財産分離と同じことを担保によっても理論上は実現可能である。包括的な担保制度によって，法人格ないし

会社法は代替されてしまう可能性がある。

4 小 括

　このように会社法が必要な理由には，強行法規と任意法規とに分けて様々な議論がされている。任意法規としては「標準書式としての会社法」という説明がなされている。だが，会社法の中には強行法規も存在し，標準書式というだけでは説明が足りない。そこで，新たに会社と利害関係を持つ当事者のための調査コストの節約といった説明がなされている。また，会社法は，将来発生しうる様々な事象についてすべてを予見してルールを定めることができないから，そのような事象が発生した場合に備えて，ルールを変更する決定権限の所在や手続について定めているほか，債権者のモニタリング費用の節約に有用な財産分離・有限責任といった事項を定めている。

会社法の基本的な仕組み

1 社員と債権者の違い

(1) 金銭出資に対する2種類の対価の受け取り方

　会社の事業に必要となるお金などの財産を拠出したり，役務を提供したりした場合には，その見返りとして，代金や賃金を受け取る。この対価の受け取り方は2種類に分類できる。まず，売買契約や金銭消費貸借契約のように契約であらかじめ定めた額・量の金銭や財産を受け取るという方法である。もう1つは，将来，利益が発生した場合に，山分けしてもらうという方法である。

(2) デットとは？

　前者の方法は，通常の契約による債務であり，デット（debt）と呼ばれる。デットでは受け取ることのできる金額ないし量は契約によってあらかじめ定まっている。契約で定めた量の金銭等を受け取れなかった場合には，債務不履

行として法的責任を追及できる。裁判によって履行を強制したり，損害賠償請求権として金銭支払いを強制的に執行したりする。さらに，デットの支払いが一般になされない場合には支払不能として破産をはじめとする倒産手続を利用することができる（⇒第13章）。

┃(3) エクイティとは？┃

　これに対して，後者の方法は，**エクイティ**（equity）と呼ばれる。エクイティは，事業で上げた利益から一定割合の分配を受ける権利であり，いわば事業そのものの一部分を保有しているような状況になることから「持分」とも呼ばれる。エクイティは，上がった利益を山分けする権利であるため，事業から利益が生じなければ何も受け取ることができない。反対に，事業で利益が上がればその上がった利益に応じて分配を受けることができる。

　また，「利益」という用語は，会計上，事業によって獲得した収入から費用を控除したものである。契約によるデットの支払いも費用に含まれることから，事業に属する資産のうち，まず，デットの支払いが先になされ，その残りが利益としてエクイティの取り分になる。すなわち，エクイティは，デットよりも劣後することになる。このことからエクイティ保有者は**残余権者**（residual claimants）と表現される。

2 会社の機関設計の基本的なルール────────────●

┃(1) 社員と債権者┃

(ⅰ) エクイティの拠出者＝社員＝決定権者

　会社が事業を営むにあたり，取引費用のない世界であれば，コースの定理が成り立ち，誰にどのように決定権限を付与しようと効率的な結果が実現するため，決定権限の所在は重要ではない（⇒第4章）。だが，現実には取引費用が存在するためコースの定理は成り立たず，誰に決定権限を付与するのかが重要となる（⇒❢2(5)）。

　会社はこの決定権限をエクイティの拠出者に付与する。会社では，このエクイティの拠出者を，会社の構成員という意味で**社員**と称する。社員は自らの利

得を最大化するように会社について決定権限を行使する。しかし，社員は残余権者であるため，デットの拠出者である債権者を満足させなければ社員に利益は回ってこない。そこで，社員に決定権限を認めると，社員が利益を獲得するためには，社員だけでなく債権者も満足させなくてはならない。さらに社員はエクイティの拠出者であるため会社が利益を上げれば上げた分だけ自らの利得が増えるため，会社が利益を上げ続けるように決定権限を行使するインセンティブがある。

(ii) 債権者の地位

これに対して，債権者に決定権限が付与された場合，債権者は契約であらかじめ定められた債権額しか獲得できないため，会社の事業も自らの債権が回収できれば十分であり，それ以上，事業の価値を高めるような経営をするインセンティブがない。

すなわち，エクイティの拠出者に決定権限を認めたほうが，エクイティの拠出者のみならずデットの拠出者を含めた事業に関与した人々全体の価値を高め，ひいては社会全体の効率性を高めることにつながる。会社が，現在の社会において，数の上でも経済規模でも支配的な組織であるのは，このような決定権限の所在が効率的な仕組みとなっているからである。

(iii) 会社法における社員の決定権限の現れ

このように社員に決定権限があるという仕組みは，会社法の中では，社員による**社員総会**に会社の役員（経営者である取締役など）を決定する権限があるというところに現れている。会社の中でも株式会社においては，社員は**株主**と呼ばれ，社員総会は株主総会とされる。社員総会・株主総会は経営者である役員を選任する権限や解任する権限が認められ，また社員・株主に一定の監督権限が認められている。

(2) 会社の区分による機関設計のルールの厳格さ

(i) 定款自治とその限界

会社において社員総会に決定権限があるといっても，社員の全員が直接，会社の事業を経営する必要はない。合名会社・合資会社・合同会社であれば社員の中から経営をする者を業務執行社員として限定することができるし，株式会

社は取締役（代表取締役）に経営を委ねる。このルールの理由は，専門家に委ねるほうが利益であることのほか，社員・株主が複数いる場合に集合行為問題によって合理的な意思決定がなされない可能性があるからである。このため，株主が多数存在することが予定されている株式会社では取締役の設置が強制されている。さらに株式会社の中の公開会社では，株主総会の権限が制約され，株主総会は最も根幹となる役員の決定権限が認められるものの，些末な事柄には決定権限が及ばないようになっている。

　各会社の根幹的なルールは社員・株主の多数（特別多数決）によって決定される定款によって定められている（定款自治）。この定款によって機関設計について自由に定めることができるものの，その自由には限界があるというのが**定款自治の限界**といわれている問題である。

(ii) 会社区分による定款自治の限界の差異

　このような定款自治に対する会社法による制約は持分会社よりも株式会社のほうが厳しい。株式会社の中でも公開会社はより厳しく，さらに上場会社では金融商品取引法や上場規則によって企業買収やコーポレート・ガバナンスに関してさらに厳格なルールが適用されている。最も大きな理由は，定款変更は，株主総会において3分の2以上の賛成が必要とされている点（会社法466条，309条2項11号）において過半数で足りる通常決議よりも加重されているものの，株主数が多くなり，かつ株主間の関係が希薄な会社になればなるほど，取引費用が大きくなり，集合行為問題（⇒ ❶**2**(3)）によって，多くの株主は，会社提案（現在の取締役会の提案）に，その内容を吟味することなく賛成してしまい，会社全体の利益を害するような決定がなされてしまうおそれが大きいからである。ただし，それならば公開会社や上場会社であっても，全株主の合意があれば，厳格なルールの適用が免除されてもよいはずである。しかし，そのような例外の認められている例は取締役の責任免除（会社法424条など）などごくわずかしかなく，機関設計に関する強行法規は全株主の同意があっても逸脱が認められていない。

　これは，持分会社から株式会社，そして株式会社の中でも公開会社，上場会社となるにつれて株式の譲渡の自由度があがり，後から株主となる者が登場する可能性やその数が大きくなり，それに伴い，調査コスト節約のメリットが大

きくなり，機関設計に関しては画一化の要請が強くなるからと説明できる（⇒ **1** 1 (**7**)）。

3 株式所有構造と法制度

1 世界の株式所有構造：集中型・分散型────────●

　株式会社の中でも上場会社は株主が多数に上り，取引費用ひいては集合行為問題が大きくなることから，厳格なルールが適用されている。だが，現実の上場会社の株式は常に分散しているわけではない。親会社を持つ上場会社も存在するなど会社によってそれぞれ異なる。そして，上場会社の株式所有構造は国によって傾向がある。

　株式所有が分散化して，株主は集合行為問題によって会社の経営に口出しせず，経営者天国になるという「所有と経営の分離」が実態として生じているのはアメリカのみとされ，アメリカが先進国の中では最も株式所有が分散しているとされる。次いで，株式所有が分散しているのはイギリスである。

　これに対して，大陸ヨーロッパやアジア各国では，企業グループや創業家大株主が多数存在し，株式所有が集中している。そして日本は，分散型と集中型の中間に位置する。大陸ヨーロッパやアジア各国よりも株式所有は分散しているが，アメリカやイギリスよりは集中している。

2 株式所有構造と法制度の関係────────────●

│ (1) 法のルーツによる分類 │

　この株式所有の集中の程度は，集合行為問題の大きさに影響する。株式所有の分散している会社では，株主の集合行為問題が大きくなり，取締役・経営者の事業経営への監視について，株主多数決ないし定款自治に委ねることは期待できない。そこで，強行法規による介入の必要性が大きくなる。裏を返せば，会社法が株主保護のためのルールをしっかり用意していれば，株式保有は分散

していても集合行為問題の克服が期待でき，投資家は株式所有の分散している会社にも安心して投資できる。逆に，株主保護法制が信頼できなければ，集合行為問題の大きい株式所有の分散した会社への投資は控えるようになり，株式所有の集中した会社のみが残るという傾向になる。

　このことをさらに進めて，株式所有が分散している国は英米法国（アメリカ，イギリスおよびそれらの旧植民地国およびそれらの法制度を移植した国々）が多く，株式所有が集中している国には大陸法国（フランス，ドイツなど欧州大陸諸国およびそれらの旧植民地国およびそれらの法制度を移植した国々）が多いことから，会社法の株主保護の質が英米法のほうが優れており，大陸法は劣っているという調査がなされた。このような法のルーツ（legal origin）が英米法なのかそれとも大陸法なのかが法の質に影響を与えているという仮説は，会社法の債権者保護法制や倒産法，執行法など様々な領域についてもなされ，そのいずれにおいても大陸法は英米法に劣っていると喧伝された。

⑵　法のルーツによる分類への反論

　だが，この研究は法制度の質を示すインデックスの構成要素の選び方が恣意的であるなど批判も強い。大陸法か英米法かの違いよりも，各国法のルーツとなった欧米諸国が過去にとった植民地への政策の違い（植民地に対して搾取的な経済構造を強制したか否か，教育機関を設けたか否かなど）を原因とする経済発展の違いに起因するものであるとされる。また，創業家経営者へのリスペクトなどの非金銭的な利益（株式から得られる配当等以外の利益）が大きな国では，株主保護法制が強くても株式所有は集中することになるなど，必ずしも株式所有構造と株主保護法制の強さはリンクしないともされている。

⑶　コモン・オーナーシップの課題

　近時は投資家から預かったお金を市場の状況を示す株価指数（アメリカのS&P500や日本のTOPIXなど）の構成銘柄株式に投資して運用するインデックスファンドの規模が大きくなっている。このインデックスファンド（BlackRock, Vanguard, SSGAなど）の保有割合が増えることでアメリカでも株式所有の集中が進んでいる。

しかし，ここで見られる株式所有の集中はこれまで大陸ヨーロッパやアジア各国でみられた創業家や企業グループによる株式所有の集中とは異なる。少数のインデックスファンドが非常に大きくなり，多数の上場会社の株式を高い割合で保有しているため，コモン・オーナーシップ（Common Ownership）と呼ばれている。

コモン・オーナーシップのもとでは，同一のインデックスファンドが同種の事業を営む競業他社を含むすべての会社の株式を保有することから，同じ大株主を抱える会社同士ということで，競業他社同士が協調しやすくなるという独占禁止法上の問題が指摘されている。会社法上は，インデックスファンドは株式保有割合が高いにもかかわらず，インデックスの構成要素となる多数の会社に投資しているがゆえに会社の意思決定に積極的に関与していないのではないかと問題視されている。

他方で，地球温暖化など世界中の全企業に共通の課題（SDGsなど）に対しては，一企業レベルではフリーライド問題のため対応しないという選択がされがちであるところ，インデックスの全構成銘柄に分散投資しているインデックスファンドだからこそ企業に働きかけをすることが期待されている。

▌(4)　上場子会社（親子上場）問題 ▌

株式所有構造に関連して現在，日本で問題となっているのは上場子会社ないし親子上場に関する問題である。日本には，多数の株式を保有する親会社が存在する子会社であるにもかかわらず，上場している会社が存在する。

このような上場子会社または親子上場は，親会社が自らあるいは他のグループ会社の利益になるように子会社を経営するおそれがある（たとえば相場よりも不利な価格で親会社・他のグループ会社と取引をすることや新規ビジネス開拓のチャンスを親会社・他のグループ会社に譲るなど）。このように親会社またはグループの利益のために子会社が犠牲となるような経営をすると，子会社の親会社以外の株主（少数派株主）は利益を害される。これは❶2(1)で説明したエージェンシーコストである。このような観点から上場子会社は一般投資家保護上問題があるという指摘がなされてきた。

だが，親会社が存在するということは，子会社の経営がうまくいかなくなっ

た場合に，経営陣を交替することが簡単にできるなど，株式所有の分散している一般的な上場会社よりも集合行為問題の弊害が小さくなるというメリットもある。このメリットは，子会社自体の価値を上げることになり，一般投資家もその利益を享受できる。

　よって上場子会社が一般投資家の利益を害するか否か，あるいは規制の必要があるか否かは，上記のデメリットとメリットのトレードオフの問題となり，一概に規制すべきとはいえない。そして，現在の実証研究では，上場子会社の方が独立の上場会社よりも業績が悪いとは言えない状況にある。

　以上のように，株式所有構造は必要な法規制を考える際に重要な視点ではあるものの，これのみをもって結論を簡単に導くことはできない。

第 **11** 章

株式会社の機関

　会社法のルールは，国によって違いがあるものの，大枠としては世界で共通している。これは，会社法の定めるルールが多くの社会において概ね合理的だからである。

　前章で述べたように，会社法は，情報の偏在やエージェンシー問題，集合行為問題といった問題を解決するために一定の強行法規を用意している。そして，このような問題が発生する状況としては，株主間（大株主と少数派株主との間など），株主と経営者（取締役）との間，株主と債権者との間の3つがありうる。本章では，以上の3つの状況をそれぞれ代表する問題として，株主の議決権（一株一議決権原則），取締役・取締役会の役割，債権者保護ルールの3つのトピックを扱う。これらのトピックを経済学的に分析することで，それぞれに関する会社法のルールは概ね合理的であるということを説明する。

1 株式・株主の権利

1 一株一議決権原則の経済的意義━━━━━━━━●

(1) 配当受領権限割合と決定権限割合の一致

　株式に認められる権利には，株主総会の議決権および各種の監督是正権を指す共益権と，配当受領権や清算時の残余財産分配請求権を指す自益権とがある。自益権とは会社の利益から金銭を受け取る権利であり，株主がエクイティの拠出者であることを基礎づけるものである。そして共益権とは会社の経営に関与する権利のことであり，その典型は支配権または決定権限である。決定権限の代表例は株主総会の議決権である。これは会社の経営者は非取締役会設置会社であれば取締役，取締役会設置会社であれば取締役によって構成される取締役会の選定する代表取締役であるところ，その取締役を選任するのは株主総会であり，会社の経営の決定権限を株主総会が握っているということができるからである。

　自益権は，株式の保有比率に一致する。それでは，共益権は株式保有比率とどのような関係に立つのが望ましいだろうか。第10章❷2(1)で述べたように，株主に会社の決定権限が認められているのはエクイティとして利益の分配を受けることによる。よって，決定権限の割合と利益の分配を受ける割合とは一致していることが望ましい。つまり株式には配当を受け取る割合と決定権限の割合とを一致させることが望ましい。法律用語でいえば**一株一議決権原則**が望ましいということである。

(2) 一株一議決権がない場合の数値例

　これを具体例で示してみよう。一株一議決権原則をとらないというのは，一部の株式に複数議決権を認めるということである。

CASE 11-1

> ある会社では，配当を受け取る割合を25%しか保有していない株主が議決権の51%を有しており，会社の支配権を保有している。この会社には2つの経営プランの候補がある。プランAは，会社に1000の利益が生じ，支配株主だけに私的利益（自身や近親者を取締役の地位につけることで得られる利益など）が200生じる。プランBは，会社に500の利益が生じ，支配株主に私的利益が400生じる。

CASE 11-1で，社会にとって望ましいのは合計して1200の価値が生じるプランAである。だが，会社の利益の25%しか分配されない支配株主が決定権限を握っていると，支配株主にとっての利益はプランAが450，プランBが525であるためプランBが選択されてしまう。

これが，一株一議決権原則の下では，支配株主は議決権の51%を取得するには利益の分配を受ける割合も51%が必要となる。上記プランAとBの比較では，支配株主の利益はプランAでは710，プランBでは655となるためプランAが選択される（⇒図表11-1）。

もちろん一株一議決権であれば常に最も社会にとって効率的な決定がなされるわけではない。たとえばプランCとして会社に利益が500，支配株主に私的利益が600生じるプランを考える。このプランCよりもプランAのほうが社会全体の利益は大きい。しかし，支配株主はプランCでは855の利益を受けるためプランCを選択してしまう。

図表 11-1 議決権分配と経営の意思決定の効率性

	会社の利益	支配株主の私的利益	社会全体の利益	社会全体にとって最適	一株一議決権（支配株主が51%の株式保有）				非・一株一議決権（例：支配株主が25%株式保有）			
					支配株主の株式価値	支配株主の私的利益	支配株主の利益合計	支配株主の選択	支配株主の株式価値	支配株主の私的利益	支配株主の利益合計	支配株主の選択
プランA	1000	200	1200	◎	510	200	710	○	250	200	450	×
プランB	500	400	900	×	255	400	655	×	125	400	525	○
プランC	500	600	1100	○	255	600	855	◎	125	600	725	◎

(3) 一株一議決権原則の限界

これは一株一議決権といっても，会社の支配権を取得するには利益分配割合の過半数を保有すれば足り，100%を保有する必要がないからである。支配株

主に会社の利益の一部しか帰属しないことにより，会社の株主全体の利益の最大化とは乖離する行動をするおそれがあるというエージェンシーコスト（⇒第10章①②(1)）が発生する。支配株主が利益分配の100％を保有しなくてはならないとすると，会社の株主は1人でなくてはならないことになる。他の投資家からエクイティの形で資金を調達することでより大きな事業を行うことができるようになるメリットと，支配株主の持分割合が減ることによるエージェンシーコストとのいずれが大きいのかのトレードオフとなる。一株一議決権は，エージェンシーコストと資金調達のメリットとの合理的なバランスをとった具体的な選択肢の1つに過ぎず，常に最も効率的な取り決めとは限らない。

2　一株一議決権の例外————————————————●

　一株一議決権原則はエージェンシーコストと資金調達のメリットのバランスをとった1つの選択肢に過ぎないことから様々な例外がある。これはエージェンシーコストの大きな株式所有の分散している上場会社とそうではない閉鎖会社とでは大きく異なる。

▎(1)　非公開会社における一株一議決権の例外▎

　会社法は，株式譲渡に会社の承認が必要となる株式譲渡制限の有無を基準にルールを定める。すべての株式に譲渡制限が課されている非公開会社においては例外を広く認める。これは，株主数が少ないことが予定されエージェンシーコストが小さいことや，株主同士が顔なじみであり，取引費用が小さく，それぞれ具体的な状況を理解し，交渉して株主になっているケースが多いことからコースの定理が成り立つ状況に近く，出資額のディスカウントなどの形で少数派株主も利益を得ていると想定されていること，そして新たに株主となる者が登場する可能性およびその数が小さく調査費用節約のための画一化の要請が小さいからである。定款の定めによって，誰が株主であるかによって株式の権利内容を異ならせること（属人的定め）が可能である（会社法109条2項）。また，種類株式制度を利用して，種類ごとに権利内容を異ならせることができる（会社法108条）。配当割合や議決権の制限，一定事項に対する拒否権，役員を選任する種類株式の限定（class-voting），単元数の設定などを自由に定めることが認

められている。これによって配当割合と議決権割合との関係が一株一議決権から乖離するスキームを作ることができる。

(2) 公開会社における一株一議決権の例外

これに対して，譲渡制限の付いていない株式を一部でも発行している会社法上の公開会社は，一株一議決権の例外が制限されている。属人的定めの制度は利用できず，また，種類株式についても一株一議決権からの乖離となるような利用は一定程度に制限されている。無議決権株式・議決権制限株式は発行済株式総数の2分の1以下に抑えるように制約されているし（会社法115条），役員選任を特定の種類株式に限定することも認められていない（会社法108条1項ただし書）。

(3) 上場会社における一株一議決権の例外

さらに上場会社においては，会社法のほかに証券取引所の上場規則によって追加的に規制が課される。そして，日本の証券取引所の上場規則は，原則として種類株式の上場を認めていない。これは上場会社では株主が分散しており，集合行為問題が大きくなり，エージェンシーコストも大きく，また取引費用も大きいことから，一株一議決権の逸脱には少数派株主ひいては社会全体の効率性を害するおそれが大きいからである。

(i) 無議決権優先株式

しかし，上場会社においても種類株式を用いた一株一議決権の例外が3つの類型で認められている。第1の例外は，無議決権優先株式である。これは優先株式であることから普通株式と異なり残余権ではなく，優先配当がなされている間は，かかる優先株主は残余権者ではなく，債権者類似の立場に立つ。普通株主に決定権限が認められているのは，残余権者として共同事業の価値最大化のインセンティブを有するからであるところ，優先配当のなされている間の優先株主には共同事業の価値最大化のインセンティブに欠けるため，決定権限を認めるべきではないと説明できる。そして，所定の優先配当額が支払われない場合には優先株主に議決権が復活する旨の条項が定められている。このような場合には，残余権者としての地位が普通株主ではなく優先株主に移転したとい

えるからである。

(ii) 拒否権付株式

第2の例外として，当該会社にとって会社の金銭的な利益よりもはるかに大きい公的な利益が存在する場面がある。公益に関する事業を行っている会社や非常に重要な国策に関する事業を行っている会社などである。これらの会社は，株主に分配する金銭的利益よりも大きな公的な利益がある。このような公的な利益は株主に分配されるものではないため株主にこの利益を守るインセンティブはない。そこで，公的な利益に強く結びついた一定の株主のみに，利益配当を受け取る割合にかかわらず支配権を持てるように拒否権付株式を渡す。具体的には，石油・天然ガス等の調査，開発，販売等を行う INPEX 社について，日本のエネルギー供給の安定という公益確保の観点から，拒否権付株式1株を経済産業大臣が保有したまま上場が認められている。

(iii) 複数議決権株式（黄金株）

第3の例外として，創業者の技術等への依存の強いスタートアップ企業が上場したケースにおいて，創業者の支配権を確保するための複数議決権株式（黄金株）が認められている。このようなスタートアップ企業では創業者が当該企業に対して卓越した技術・労力等の面で多大な金銭以外の投資をしていると考え，また，他の投資家（少数派株主）も創業者が支配していることを前提に投資していると考えられるからである。そのため，このような黄金株は創業者自身が株式を保有している間に限って有効であり，第三者に譲渡する場合や，技術・労力等の特殊な投資の効力が消失すると考えられる一定期間後には，複数議決権の効果がなくなるか，あるいは効力維持のためには再度株主意思を確認することを求めるサンセット条項の設定が上場規則によって求められている。

3 決定権限と配当受領権限の一致を求めるその他のルール──●

(1) 議決権代理行使の規制

配当受領権限と決定権限との一致を求めるルールは一株一議決権原則に限られない。たとえば，議決権の代理行使は，議決権の行使権限者と配当の受領者との乖離を認めるものであるため，会社法は議決権の代理権の授与を株主総会

ごとに行うことを求め（会社法 310 条 2 項），恒常的に議決権と配当受領権が乖離することのないようにしている。

(2) 株主の権利行使に関する利益供与の禁止

また，株主が議決権行使する際に，配当以外の会社からの経済的便宜を受けることを目的に意思決定をされては，残余権者として決定権限を行使することではなくなり，共同事業の価値の最大化につながらない。そこで，日本法は，このような場合を株主の権利行使に対する利益供与（会社法 120 条）として禁止し，場合によっては民事賠償を超えて刑事罰も課されることが予定されている（会社法 970 条）。

ただし，一株一議決権原則にも例外が上記のように広く認められていることとの対比で，刑事罰まで課す利益供与の禁止は過剰規制であるとの批判もあり，かつての総会屋（株主総会の出席権・質問権・議決権の行使・不行使を条件に会社から金員等経済的便宜を不法に要求する株主など）のケースを除いて，刑事罰を適用した例はなく，また，株主総会出席株主へのお土産程度であれば利益供与には該当しないと実務上扱われてきた。

既存の会社法のルールが，配当受領権限と決定権限との一致をどの程度厳格に求めていると理解するかは，これらの条文をどの範囲で適用すべきかという解釈問題にもつながってくる問題であり，かつ，意見が分かれている問題である。

取締役・取締役会の地位

会社法では，公開会社においては取締役会の設置を義務付け，また非公開会社でも取締役会を設置することが認められている。この取締役および取締役会にどのような役割を期待するのかは現在，コーポレート・ガバナンスのホットトピックスの 1 つとされている。

1 取締役会の役割

(1) 取締役会の3つの理論モデル

　会社法のルールによれば，取締役会を設置しない会社では取締役は各自に代表権限が付与されるのが原則であり（会社法349条），取締役が経営を行う（会社法348条）。これに対して，取締役会設置会社では，取締役の中から選ばれた代表取締役が会社の経営を行い（会社法363条），取締役は会社法上，取締役会の構成員であるにすぎない。そして取締役会の権限として代表取締役の選定および解職のほか，会社の業務執行の決定と代表取締役を含めた取締役の職務執行の監督とが会社法によって定められている（会社法362条2項）。取締役会に期待される機能の1つとして，経営者は株主の利益よりも自己または第三者の利益を優先しかねないというエージェンシー問題の解決策となることが含まれている。

　法律の定める権限の中で，取締役会はどのような機能を重視すべきかについて3つの理論モデルがある。1つ目は**マネジメント・ボード**であり，取締役会は，代表取締役と一緒になって，ともに業務執行を行っていくというモデルである。2つ目は，**アドバイザリー・ボード**であり，代表取締役の業務執行の意思決定にアドバイスをすることが取締役会の機能であるとする。3つ目は，**モニタリング・ボード**であり，代表取締役ら経営陣を監督することが取締役会の機能であるとする。モニタリング・ボードのいう「監督」には，①代表取締役らの業績を評価して選定・解職をすることや，個別の取締役役報酬を決定すること（業績評価），②利益相反の管理，③法令違反の抑止（コンプライアンス）という3つの意味が含まれる。

(2) マネジメント・ボードからモニタリング・ボードへ

　かつて，伝統的な日本企業では専務や常務，本部長といった上級従業員・幹部候補生らが取締役を占め，これらの者が代表取締役と一体となって業務執行を行っていくマネジメント・ボードが取締役会の姿とされていた。だが，近時は，社外取締役を中心とするモニタリング・ボードへとシフトが見られている。

昨今，金融庁等が主導して作成したルールであり，東京証券取引所の上場規則に組み込まれたコーポレートガバナンス・コードでも，取締役会の役割としてモニタリングが強調されるようになっている（コーポレートガバナンス・コード基本原則4(3)，同原則4-3）。上場会社では，取締役会における社外取締役の導入およびその割合（東京証券取引所プライム市場であれば3分の1以上）も会社法やコーポレートガバナンス・コードで義務付けられている（会社法327条の2，コーポレートガバナンス・コード原則4-8）。

　また，2002年改正で導入された指名委員会等設置会社，2014年改正で導入された監査等委員会設置会社は，従来型の監査役会設置会社以上に，モニタリング・ボードに適合的な機関設計とされている。

┃ (3)　いずれのモデルが望ましいか ┃

　株式が分散保有され，集合行為問題により，株主が直接，経営者に対して監督することが難しい会社では，経営者の監督を株主に代わって行う機関として取締役会をモニタリング・ボードとする意義が認められる。アメリカの上場企業の多くは，取締役会はCEOを除いて全員社外取締役であるともいわれている。だが，その中心となる社外取締役は，会社の職務に従事していないため会社の情報に通じておらず，会社の業績を向上させるインセンティブも乏しいため，従来の従業員出身取締役によるマネジメント・ボードの方が有用であるという見解もある。また，日本においては，指名委員会等設置会社・監査等委員会設置会社を除いて取締役会とは別に監査役会が存在しており，コンプライアンスを中心とするモニタリングは監査役会が行っていることから，取締役会をモニタリング・ボードとすることの意義は監査役会のないアメリカ企業などと異なり乏しいのではないかという意見もある。そこで，日本の上場企業では従業員出身取締役と社外取締役とが半数ずつを占めるハイブリッド・モデルが望ましいという提案もなされている。

　さらに最近は，株式所有構造において，米国においても日本においても，大規模インデックスファンドなど機関投資家の株式保有割合が増加していることから，分散保有株主の集合行為問題の克服のみに主眼を置いたモニタリング・ボードから，機関投資家から派遣された（社外）取締役が，豊富な情報と機関

投資家の株式保有を通じた業績向上へのインセンティブをもって，会社の事業戦略立案により深くコミットする新たな取締役会モデル（Board 3.0 と呼ばれる）への移行を推奨する意見も有力に出されている。

　いずれのモデルが望ましいのかは最終的に実証に委ねられた問題となる。

⑷　日本の現状

　2024 年 7 月現在で，東京証券取引所プライム市場に上場している会社の99.7％が 2 名以上の独立社外取締役を選任しており，取締役の 3 分の 1 以上が独立社外取締役である会社の割合は 98.1％，過半数が独立社外取締役である会社は 20.3％となっている（株式会社東京証券取引所「東証上場会社における独立社外取締役の選任状況及び指名委員会・報酬委員会の設置状況」〔2024 年 7 月 24 日〕）。しかし，日本の上場企業を対象とした実証研究では独立社外取締役を選任・増員した会社において企業価値に正の効果は確認されていない。

2　取締役の対会社責任と報酬

⑴　取締役の民事責任

（i）　取締役の努力選択によって会社の利益が確実に定まる場合

　経営者または取締役は株主または会社の利益の最大化のために職務を執行するとは限らない。これがエージェンシー問題である。この対応策の 1 つとして，会社法は取締役を含めた役員に善管注意義務を課し（会社法 330 条，民法 644 条），取締役には忠実義務を課している（会社法 355 条）。そして，このような義務に違反した取締役は会社に生じた損害について会社に対して損害賠償責任を負う（会社法 423 条）。

CASE 11-2

　取締役が職務執行をするにあたり，「努力する」と「努力しない」の 2 つの選択肢がある。「努力する」という選択肢には 500 万円，「努力しない」という選択肢には 0 円のコストが取締役にかかる。そして「努力する」を選択した場合には会社に 2000 万円の利益が生じ，「努力しない」では会社に 1000 万円の利益が生じる。

CASE 11-2 では，取締役が「努力しない」という選択をした場合には 1000 万円の逸失利益という損害が生じている。この場合に，取締役に義務違反に基づく 1000 万円の損害賠償責任を認めることで取締役に「努力する」という選択を促すことが可能となる（⇒図表 11-2）。

図表 11-2 ・損害賠償責任による取締役の行動のコントロール

	会社の利益	取締役の費用	損害賠償責任	取締役の費用 (責任込み)
努力する	2000 万円	500 万円	0 円	500 万円
努力しない	1000 万円	0 円	1000 万円	1000 万円

(ii) 取締役の努力選択によって会社の利益の期待値が定まる場合

だが，現実の会社の経営では取締役が「努力する」を選択したからと言って確実に利益が上がるわけではなく，あくまで期待値としての会社の利益が上がるに過ぎない。

CASE 11-3

取締役が職務執行をするにあたり，「努力する」を選択した場合には，50%の確率で会社に 4000 万円の利益が生じ，50%の確率で利益が 0 円となると見込まれ期待値としては 2000 万円の利益になる。これに対して「努力しない」を選択した場合には，25%の確率で 4000 万円の利益が生じ，75%の確率で利益が 0 円となると見込まれ期待利益が 1000 万円となる。

なお，それぞれの選択をしたときの取締役にかかるコストは CASE 11-2 と同じである。

CASE 11-3 において，裁判所が取締役の努力の有無の選択を正確に把握できれば，「努力しない」選択をした場合に 500 万円を超える損害賠償責任を課すことで，「努力する」の選択を促すことが可能となる（⇒図表 11-3）。だが，実際には，裁判所は取締役の選択を常に正確に把握できるわけではない。また，「損害賠償」であることから「努力しない」を選択しても 4000 万円の利益が発生した場合には損害がなく責任を認めることができないという問題もある。

	会社の期待利益	取締役の費用	損害賠償責任	取締役の費用 （責任込み）
努力する	2000万円	500万円	0円	500万円
努力しない	1000万円	0円	500万円超	500万円超

(iii) 裁判所が取締役の努力選択を直接提案できない場合

そこで，裁判所が事後的に生じた利益のみを判断材料に，利益が発生しない場合に損害賠償責任を課す場合を考える。会社の利益が0円となった場合に，損害賠償を4000万円課すとする。取締役は「努力する」を選択しても50%の確率で利益0円となり損害賠償責任を負うことになることから損害賠償コストの期待値は2000万円となり，努力コストと併せると2500万円のコストがかかる。これに対して「努力しない」を選択した場合には75%の確率で発生する損害賠償コストのため3000万円のコストがかかる。この場合，取締役はコストの低い「努力する」を選択することが期待できる（⇒図表11-4）。

図表 11-4 事後に裁判所は取締役の努力の有無の選択を把握できない場合

	会社の利益	取締役の費用	損害賠償責任	取締役の費用 （責任込み）
努力する	期待値2000万円 50%：4000万円 50%：0円	500万円	期待値2000万円 50%：0円 50%：4000万円	期待値2500万円 50%：500万円 50%：4500万円
努力しない	期待値1000万円 25%：4000万円 75%：0円	0円	期待値3000万円 25%：0円 75%：4000万円	期待値3000万円 25%：0円 75%：4000万円

(2) 固定報酬と取締役の責任による解決

だが，取締役にしてみれば，そもそもこのようなコストがかかるならば取締役に就任しない（辞任する）という選択肢を取ることも考えられる。取締役に辞任されないためには会社は報酬を支払う必要があり，この例であれば，取締役に就任せずに勤労した場合にリスクなしに獲得できる収入分に加えて，少なくとも2500万円以上の報酬が必要となる。

このように，厳格な損害賠償責任を課すと，取締役に多額の報酬が必要とな

る。会社が取締役の報酬額を利益が出る範囲に抑えればそもそも取締役の成り手がいないということになる。

(3) 経営判断の原則

(i) 損害賠償責任の発生場面の限定

このような問題の解決方法は3つある。第1の解決策は、裁判所が、会社が事後に獲得した利益に基づく後知恵判断ではなく、取締役の努力水準そのものを基準に判断することである。だが、取締役の努力水準は正しく判断できるわけではない。裁判所の判断間違いによって、「努力する」を「努力しない」と誤判し、損害賠償責任を課すリスクがある場合、会社はそのリスクを反映した多額の報酬を支払うか、あるいは取締役の担い手がいなくなるという問題が生じる。

そこで、取締役の損害賠償責任が発生する場合を、裁判所が取締役の行動を「努力しない」と判定できる場合とはせず、その程度が著しい場合に限定するということが考えられる。たとえば、裁判所が「努力しない」の程度が著しいと判断できる場合を会社の利益が0円となった場合のうち51%に限定することで、取締役の「努力する」を選択するインセンティブを損なうことなく、取締役の損害賠償額の期待値を減少させることが可能となる（⇒図表11-5）。この場合、取締役に就任してもらうための報酬としては1500万円をわずかに超える額で足りることになる。

図表 11-5 | 損害賠償責任の発生場面の限定（経営判断の原則）

	会社の利益	取締役の費用	損害賠償責任	取締役の費用（責任込み）
努力する	期待値 2000 万円 50%：4000 万円 50%：0 円	500 万円	期待値 1020 万円 74.5%：0 円 25.5%：4000 万円	期待値 1520 万円 74.5%：500 万円 25.5%：4500 万円
努力しない	期待値 1000 万円 25%：4000 万円 75%：0 円	0 円	期待値 1530 万円 61.75%：0 円 38.25%：4000 万円	期待値 1530 万円 61.75%：0 円 38.25%：4000 万円

(ii) 日本法における経営判断の原則

実際に、日本の裁判においては、経営判断の原則が存在し、取締役の経営の

意思決定において損害賠償責任が発生するのは,「著しく不合理」と言えるような場面に限定されている。これは多額の損害額が発生する事象を減らすことで,取締役のコストひいては会社の支払う取締役報酬額を抑えることで,有能な取締役の就任を促す仕組みといえる。

(4) 取締役の責任制限

第2の解決策は,そもそも損害額を会社の実損額よりも制限するという方法がある。この例でいえば,損害賠償責任の目標は取締役に「努力する」を選択させることにあるのだから,損害額(逸失利益額)の全額を損害賠償額とする必要はない。CASE 11-3 でいえば,仮に会社の利益が0円の場合に損害賠償責任が発生するという設定の下でも,損害賠償額が 2010 万円であれば,取締役は「努力する」を選択する(⇒図表11-6)。損害賠償責任が 2010 万円であれば,取締役は会社からの報酬額が 1500 万円をわずかに超えた金額であれば取締役に就任し,この報酬額は当該取締役を採用することによる会社の利益の期待値 2000 万円より小さいため,会社も支払うことが可能となる。

図表 11-6 取締役の責任制限

	会社の利益	取締役の費用	損害賠償責任	取締役の費用（責任込み）
努力する	期待値 2000 万円 50％：4000 万円 50％：0円	500 万円	期待値 1005 万円 50％：0円 50％：2010 万円	期待値 1505 万円 50％：500 万円 50％：2510 万円
努力しない	期待値 1000 万円 25％：4000 万円 75％：0円	0円	期待値 1507.5 万円 25％：0円 75％：2010 万円	期待値 1507.5 万円 25％：0円 75％：2010 万円

このような責任制限は会社法の 425 条以下に設けられている。日本法上の責任制限は,賠償額の基準は報酬年額を基準としたものであり,また,取締役の義務違反が悪意または重大な過失によると判断された場合には発動しないものであるなど細かい設計で本設例と異なる。しかし,その狙いは,相当な報酬額で取締役の成り手を増やすものであろう。

第3の解決策は，取締役の責任ではなく，報酬額を業績連動とすることで取締役から「努力する」の選択を引き出すという方法である。会社は取締役の努力水準を判断できるのであれば，「努力する」を選択した場合には努力コストである 500 万円以上の報酬を取締役に支払う。会社が取締役の努力水準を判断できなければ，会社に生じた利益を基準に，4000 万円の利益が発生した場合には多額の報酬を支払う。この場合，「努力しない」を選択した場合でも 25% の確率で成功報酬をもらえることから，500 万円のコストをかけてでも「努力する」を取締役に選択させるには，成功報酬額が 2000 万円超であれば，取締役は「努力する」を選択する。たとえば，成功報酬が 2010 万円であれば，会社が取締役に支払う報酬の期待値は 1005 万円で，取締役に「努力する」を選択させることができる（⇒図表 11-7）。

図表 11-7　業績連動報酬

	会社の利益	取締役の費用	支払報酬額 （業績連動）	取締役の利得
努力する	期待値 2000 万円 50%：4000 万円 50%：0 円	500 万円	期待値 1005 万円 50%：2010 万円 50%：0 円	期待値 505 万円 50%：1510 万円 50%：−500 万円
努力しない	期待値 1000 万円 25%：4000 万円 75%：0 円	0 円	期待値 502.5 万円 25%：2010 万円 75%：0 円	期待値 502.5 万円 25%：2010 万円 75%：0 円

このように業績連動報酬制度によって，損害賠償責任を代替することができ，かつその場合は，報酬金額を抑えることが可能となる。

(6)　いかなる方法を選ぶべきか

（ i ）　会社・取締役の支払能力

このように取締役から株主または会社の利益のための行動を引き出す仕組みとして，ⓐ取締役の責任＋固定報酬による方法とⓑ業績連動報酬による方法とがある。それではいずれの方法を選ぶべきか。まず，①会社・取締役の支払能力の点を考慮すべきである。ⓐ損害賠償制度＋固定報酬に委ねる場合は取締役

の報酬額が多額となるため会社に支払能力が必要となると同時に，取締役にも損害賠償責任の支払能力が必要となる。

(ii) 裁判所の認定能力

次に，②裁判所の損害認定能力の点を考慮すべきである。この設例では，取締役の努力水準に応じた会社の利益の額や発生確率といったことを認定する必要がある。この誤りが大きければ，計算結果がズレて効率的なインセンティブ設計はできなくなるからである。固定報酬であれ業績連動報酬であれ，その数字を会社が認定しなくてはならないところ，ⓐ取締役の責任を用いる場合は，会社の損害額について裁判所が認定する必要がある。さらに，会社の損害額だけでなく取締役の努力水準も判断基準とするのであればこの点についても裁判所は判断することが求められる。このような数値の審査能力が第三者である裁判所にあるといえるであろうか。

たとえば，アメリカ法では，一方では，取締役の民事責任について，経営判断の原則による保護が日本法と異なり，経営判断の内容には一切司法審査が及ばないとされており，他方で，経営者の報酬について業績連動報酬が大きく取り入れられている。これは，アメリカ法は，ⓑ業績連動報酬型の解決策が選択されているものと整理することができる。

(iii) 会社の認定能力——独立性・専門性の必要性

また，ⓐ取締役の責任＋固定報酬であれ，ⓑ業績連動報酬であれ，会社は以上の数値を適切に把握していることが必要となる。だが，会社の中でどのような部署が上記数字を認定できるのであろうか。経営者自身がそれを行うとすれば，会社または株主の利益を犠牲にして自己の利益になるような認定をするおそれがある。かといって完全に外部の第三者には会社内の事情が分からない。そこで，現在，期待されているのは，社外取締役ないし独立取締役を活用し，報酬の決定について独立かつ専門の委員会を設け，そこで審議するというものである。

(7) 選解任によるインセンティブ設計

ここまででは「報酬」を用いて取締役ないし経営者のエージェンシー問題を解決する方法を提案したが，これと同じことを取締役の選解任を通じて行うこ

ともある。会社法上，公開会社であれば取締役の任期は2年以内と定められている。ところ（会社法332条1項。指名委員会等設置会社，監査等委員会設置会社に加え，剰余金配当を取締役会が決定する旨の特則がある会社では取締役の任期は1年となる。会社法332条3項・6項，459条1項），任期満了時に取締役に再任されないこと（場合によっては任期中に解任されること）は取締役にとって大きな不利益となるから，取締役の行動のインセンティブを設計することができる。

　特に，株式所有が分散し集合行為問題によって株主の判断に期待できない上場会社においては，株主総会に提出される，会社側が作成した取締役候補者のリストに掲載されるかどうかが取締役再任を事実上決定する。そこで，取締役会の作成する取締役候補者のリストについても，前述の報酬と同様，社外取締役を中心とする専門の委員会（指名委員会などと呼ばれる）を設け，そこで，現経営陣の業績を評価した上で，リストを作成するということが期待されている。

3　株主代表訴訟

(1)　株主代表訴訟制度の趣旨

(i)　会社の取締役への責任追及

　会社法は，取締役または経営者が会社または株主の利益に資するような経営を行わない場合には株主総会によって再任されないことあるいは解任されることで取締役または経営者が職務をサボることを抑止しようとしている。だが，上場会社をはじめ株主が多数に上る会社においては，集合行為問題によって，株主総会において株主が適切に判断することは期待できない。また，株主が少数の閉鎖会社であっても，支配株主が取締役と一体となって会社および少数派株主を害するような場合にも株主総会による役員の選解任は解決策とならない。

　そこで，会社法は取締役が任務を懈怠したことで会社に損害を与えた場合には会社に対して損害賠償責任を負うと定める（会社法423条1項）。このことから，取締役の民事責任を追及するのは，会社ということになる。だが，会社の業務執行は原則として代表取締役などの経営陣によって行われ（会社法349条1項），またその決定を行うのは取締役会とされている（会社法362条2項1号）。経営陣の任務懈怠の責任追及を経営陣または経営陣を含む取締役会が行うとい

うのでは，責任追及が過少になる。

これに対して，会社法は取締役への責任追及は監査役設置会社では監査役が行うことと定めている（会社法386条）。しかし，監査役も取締役会への出席義務があるなど広い意味で経営陣の同僚といえ，仲間意識から，経営者または取締役への責任追及において手を抜くおそれが十分にある。これらもエージェンシー問題の1つである。

(ii) 株主代表訴訟

この問題に対応するため，日本の会社法は，株主に，会社に代わって取締役に対して責任追及等の訴えの提起を認める株主代表訴訟制度を設けている（会社法847条）。日本法では，株主が，1株でも持っていれば，会社（監査役）に対して役員への損害賠償請求を求める訴えの提訴請求をし，会社が提訴しない場合には，株主自ら訴えることを認める。これによって同僚意識による提訴懈怠のおそれというエージェンシー問題を解決することを図る。

(2) 濫訴のおそれと解決策

(i) 濫訴のおそれ

だが，1株しか持っていない株主であれば，それこそ保有している株式割合の小ささから集合行為問題によって会社の利益最大化のインセンティブに欠けるはずである。株主代表訴訟には，会社の利益最大化のみならず，提訴株主のみがもっている特殊な効用（政治的信念や個人的な怨嗟など）を目的として提訴したものであって会社や他の株主の利益を害するものがある可能性もある。

そこで，諸外国では株主代表訴訟の提訴要件として一定の持株割合（1％など）を要求する法制も多い。1株で提訴可能であるとしても，米国のデラウェア州判例法などでは，社外取締役による訴訟委員会（特別委員会）が当該提訴は会社の利益とならないと判断した場合には，裁判所はその委員会の判断を尊重して訴えを却下し，早期に訴訟を終了させる制度が用意されている。これに対して，日本法には，当該提訴が悪意に基づくと裁判所が判断した場合には原告株主に担保提供を命ずる制度が用意されているものの（会社法847条の4第2項・3項），会社の判断による早期終了制度は存在しない。

(ii) 日本において株主代表訴訟は会社の利益になっているか？

このように日本の株主代表訴訟は過少になりがちな取締役への責任追及が株主によって適切になされている可能性と一部の株主によって濫用されている可能性とがある。よって，株主代表訴訟によって会社の利益は増進されているのかそれとも侵害されているのかは理論的にはいずれもあり得る。そこで，実際に日本の運用状況を調査する必要が生じる。しかし，たとえば，株主代表訴訟によって役員が提訴された会社の株式の評価（株価）が下がっているということのみをもって，株主代表訴訟は会社の利益を害する制度と評価することはできない。

そして，実際には役員の責任原因となるような任務懈怠がないにもかかわらず，役員が提訴された会社では，提訴されたという事実によって会社のガバナンスに問題があったのかもしれないと投資家に誤解されることや，訴訟活動に経営陣が煩わされることで，株価が下落することがある。このように単体レベルでは会社にとって不利益となる場合があるとしても，1株でも提訴できる株主代表訴訟が存在することで，提訴対象となっていない多くの会社の役員は任務懈怠をしないようにするという幅広い抑止効果が生じている可能性もある。このようなマイナス効果とプラス効果を比較して日本の株主代表訴訟が会社を害する制度であるかどうかの評価は定まっていない。

(iii) 濫訴への対応策

ただし，1株で提訴できる株主代表訴訟には濫用の可能性があることも事実であり，適切に濫用事例のみスクリーニングできる制度があれば，それを導入することは望ましい。機械的に持株要件を要求することは一律に代表訴訟を抑止するものとなってしまい，濫用事例のみをスクリーニングする仕組みになっていない。アメリカのような訴訟委員会による早期終了制度であれば，濫用事例のみをスクリーニングする可能性はある。この場合は，社外取締役による訴訟委員会において経営者から本当に独立した判断がなされるか，どの程度同僚意識から提訴を懈怠するおそれがあるのか，という点の評価にかかっている。

3 債権者保護

1 剰余金分配規制

株式会社は有限責任であることから会社債権者の保護が重要であり，そのための制度として資本制度があると理解されてきた。

(1) 実財産維持の資本制度

(i) 貸借対照表上の数値

資本制度とは，会社から株主への分配の限度額を貸借対照表の数字を基準に算定するものであり，具体的には，貸借対照表上の資産の額から，負債の額と資本金額および法定準備金の額を控除した額のみを剰余金として株主に分配できるという剰余金分配規制を指す。

貸借対照表は，左右に分かれ，左側（借方）には「資産の部」として，会社に帰属するキャッシュフロー（お金の流れ）にプラスをもたらす源泉となるものとその価額が列挙される。現金・預金といったフリーキャッシュそのものから売掛金債権や不動産，知的財産権や投資商品などが資産に該当する。これに対して貸借対照表の右側（貸方）は，負債の部と純資産の部とに分かれる。負債の部には，会社に帰属するキャッシュフローにマイナスをもたらす源泉として「債務」とその価額が列挙される。純資産とは，資産の額から負債の額を控除した差額であり，債務超過会社であればマイナスとなる。

資産の部の中では，資産を現金化するタイミングがはやいものと時間がかかるものとに分類し，前者を流動資産，後者を固定資産とする。現金そのものや預金のように現金化することが容易なものを流動性が高いといい，反対に不動産や事業で利用している機械類のような現金化に時間がかかるものを流動性が低いという。そのほか，短期で現金化することが予定されておらずまた事業活動のためにも利用されていない資産（子会社株式など）は投資その他の資産に分類される。負債も早期に支払いが求められるものは流動負債とし，弁済まで時

間がかかるものを固定負債という。

(ii) **貸借対照表上の純資産**

　純資産はあくまで資産と負債の差額という数字に過ぎない。だが，その中には，株主からの出資として会社に払い込まれた金額である資本金や法律の定めに従って計上の求められる資本準備金や利益準備金などの項目と数字が存在する。ただし，株主からの出資のうち半額までは資本金としないことが可能であるし（その場合の残額は資本準備金となる），株主総会特別決議など一定の手続を経ることで事後的に資本金の額を減少させることもできる。純資産のうち資本○○（資本剰余金など）と表記されているものは，株主の出資金由来のものである。純資産の数字のうち，株主との直接取引以外によって生じた増減，すなわち事業活動等によって生じた増減は利益○○と表記される。

　資本金や資本準備金・利益準備金の額が純資産の金額を超えているときは，その他資本剰余金・その他利益剰余金がマイナスの数字をとることになる。

図表 11-8 貸借対照表

科目	金額	科目	金額
（資産の部）		（負債の部）	
流動資産	○○円	流動負債	○○円
固定資産	○○円	固定負債	○○円
投資その他の資産	○○円	負債合計	○○円
繰延資産	○○円	（純資産の部）	
		株主資本	○○円
		資本金	○○円
		資本剰余金	○○円
		資本準備金	○○円
		その他資本剰余金	○○円
		利益剰余金	○○円
		利益準備金	○○円
		その他利益剰余金	○○円
		自己株式	○○円
		評価・換算差額等	○○円
		株式引受権	○○円
		純資産合計	○○円
資産合計	○○円	負債純資産合計	○○円

(ⅲ) 実財産維持の資本制度理解

このような貸借対照表上の概念の定義に従えば，伝統的には，資本制度とは，会社の資本金（および資本準備金と利益準備金の合計額）に相当する額の財産は株主に分配せずに，会社に維持されることを要求する制度と考えられてきた。すなわち，資本金額相当の実財産が会社に維持されることで会社債権者のための責任財産となると理解されてきた（実財産維持の資本制度）。

だが，資本制度のこのような理解に対しては，①そもそも現在の制度が実財産維持のための制度となっていないこと（⇒(2)），②仮に実財産維持の制度であったとしても資産代替リスクに対応していないこと（⇒(3)）などに問題があり，会社法上の債権者保護制度の実効性は必ずしも強くないと理解されている。

しかし，計算上の数額としか理解しないのであれば，なぜ，株主の出資金額を基本とする資本金額が株主への分配額への基準となるのか，その理由がない。

(2) 取得原価主義・実現主義の問題

貸借対照表の資産の金額は，原則として取得したときの価額（取得原価）が記載されており，現在の価格（時価）が記載されているわけではない（取得原価主義）。例外として資産の時価が著しく下がった場合には評価替えをすることが求められているが，原則はあくまで取得原価であり，金額の評価を変更するのは，売却した場合など利益が実現したといえる場合に限られる（実現主義）。最近は，IFRS（国際会計基準）の影響で時価会計の適用される場面が広がっているものの，それは金融資産などに限られている。

よって，貸借対照表上の資産の額通りの財産が現在，会社に存在するわけではない。となると純資産額のうち資本金および資本準備金・利益準備金の額を控除した額を株主への分配可能額としているといっても，かかる金額の実財産が会社にあるということは保障されておらず，実財産維持の制度とはなっていない。資本金額や資本準備金・利益準備金の金額はあくまで計算書類上の数字として分配が制約されているだけであって，それ以上の意味はない。

（ⅰ）**資産代替リスクの例**

仮に，取得原価主義の下で，取得原価は資産の価値そのものではなくとも「近似値」であって，資本制度を実財産維持の制度と理解したとしても，債権者の保護として十分ではないことが指摘されている。それは資産代替（asset substitution）リスクの問題である。

資産代替リスクとは，会社の事業活動をリスクの低い事業（ローリスク・ローリターン）からリスクの高い事業（ハイリスク・ハイリターン）へと変更することで，期待値として会社の価値は変わらずとも，有限責任によって守られている株主が利益を獲得して，債権者が犠牲になるという状況を指す。

CASE 11-4

> ある会社が株主出資 100 と債権者からの借入 100 の合計 200 で事業活動を始める。この会社には，A）50%の確率で事業価値が 300，50%の確率で事業価値が 100 になるローリスクの事業計画 A と，B）50%の確率で事業価値が 400，50%の確率で事業価値が 0 になるハイリスクの事業計画 B とがある。

CASE 11-4 において，債務の利息を 0 として計算すると債権者にとっては事業活動 A のときの返済額の期待値は 100，事業活動 B のときの返済額の期待値は 50 であるのに対して，株主にとっては事業活動 A のときの株式価値の期待値は 100，事業活動 B のときの株式価値の期待値は 150 となる（⇒図表11-9）。このときに株主に経営支配権があると事業活動 B が選択され，債権者の 50 の犠牲のもと株主が 50 の利益を獲得する。

図表 11-9 資産代替リスク

	会社の利得	債権者の利得	株主の利得
事業活動 A	期待値 200 50%（成功）：300 50%（失敗）：100	期待値 100 50%（成功）：100 50%（失敗）：100	期待値 100 50%（成功）：200 50%（失敗）：0
事業活動 B	期待値 200 50%（成功）：400 50%（失敗）：0	期待値 50 50%（成功）：100 50%（失敗）：0	期待値 150 50%（成功）：300 50%（失敗）：0

(ii)　過剰借入による資産代替リスクの拡大

　そして，資産代替リスクとして顕著なのは，多額の借入をして事業活動をする場面である。

CASE 11-5

　CASE 11-4でみた事業計画Ａ（株主からの出資金 100，債権者からの借入金 100 の合計 200 で始めると 50％の確率で事業価値 300，50％の確率で事業価値 100 となる事業計画）を，事業活動を拡大するため A′）他の債権者から追加借入金 1800 を加えた 2000 の予算で行う（事業計画 A′）。この事業計画 A′ は，事業計画Ａの収益が 10 倍となる。

　事業計画 A′ では，50％の確率で事業価値が 3000，50％の確率で事業価値が 1000 となる。このとき，株主の利得は 50％の確率で 1100 を獲得し，50％の確率で 0 となり期待値は 550 まで膨れ上がる。これに対して債権者の利得は 1900 の貸付金があった中で，50％の確率で 1900，50％の確率で 1000 となり，前者は回収率 100％であったが，後者は回収率が 52.6％まで下がる。回収率の期待値は 76.3％である。

図表 11-10　過剰借入による資産代替リスク

	会社の利得	債権者の利得	株主の利得
事業活動Ａ	期待値 200 50％（成功）：300 50％（失敗）：100	期待値 100 50％（成功）：100 50％（失敗）：100	期待値 100 50％（成功）：200 50％（失敗）：0
事業活動 A′	期待値 2000 50％（成功）：3000 50％（失敗）：1000	期待値 1450 〔回収率：76.3％〕 50％（成功）：1900 〔回収率：100％〕 50％（失敗）：1000 〔回収率：52.6％〕	期待値 550 50％（成功）：1100 50％（失敗）：0

　このように借入金を増額することで同じ様な事業計画であっても株主は獲得する利益が増え（このことを「レバレッジを利かせる」という），債権者の取り分は減少する。もちろん後から 1800 を貸し付けた債権者はこのようなことを見越して経営者保証を取るなど債権保全を講じた上で貸付を行うであろう。だが，事前に 100 を貸し付けていた当初の債権者は事後の借入による事業の拡大に対

して，法律上，当然には防衛手段を講じる機会のないままに，債権の回収価値が下がってしまう。そしてこのような資産代替リスクに資本制度は全く対応できていない。

(iii) **資産代替リスクへのコベナンツによる対応**

借入の拡大による資産代替リスクについて，現実の債権者は貸付条件（コベナンツ）をつけることで対応する。会社のハイリスク事業の選択や他の債権者との競合による取分低下は借入による資金調達の比率が高まったことに原因があることから，具体的には債務会社の資産負債比率や自己資本比率を一定の数値にとどめておくことを条件にすることや，事業規模を拡大したことに問題があると考え事業用資産となる流動性の低い資産の保有割合を一定の比率に制限することを条件にすることが考えられる。これらの条項は財務制限条項と呼ばれる。

契約でこのような工夫が行われるならば，会社法上の債権者保護制度も，資本金額のみに着目するのではなく，資産負債比率や流動性比率（資産のうちの流動性資産割合）を基準に株主の分配規制を作るべきではないかという立法論もでてくる。実際にカリフォルニア州会社法は，資産負債比率を株主への分配規制の基準としている。

(4) 現行の剰余金分配規制の下での資産代替リスクへの対応

現行の剰余金分配規制では，資産代替リスクには対応していないという理解が主流である。だが，取得原価主義・実現主義という会計基準と相まって，資産代替リスクにある程度対応しているという理解もある。

時価基準のもと現行の剰余金分配規制を運用すると，会社の保有した資産が値上がりした場合，それだけで資産額が増加し，分配可能額が増える。しかし，実際に，株主への配当は金銭による必要があることから，配当を行うにはその分の借入を行うことになる。借入によって獲得した金銭の分のみ会社の資産は増加するが，それをすぐに株主に配当すれば，会社の資産額はそのままとなる。これに対して，借り入れた分，負債の額のみが増える。これによって資産負債比率は悪化し，既存の債権者は回収見込みの点において従前よりも不利な状況におかれる。

これに対して，取得原価主義・実現主義のもとでは，保有資産の値上がりが
あっても当該資産を売却しない限り，分配可能額は増えない。ここで配当する
ためには，資産を一部売却する必要がある。かかる資産の売却によって獲得し
た金銭を配当する場合には，株主への配当のために借入額は増えておらず，資
産負債比率も維持される。

　もちろん，配当のために値上がりした資産を売却すると同時に同一金額を借
り入れて当該資産を購入してしまえば，株主への配当を行いつつ，従前の事業
活動を維持しながら借入金額が増え，資産負債比率を悪化させることは可能で
あるため，取得原価主義・実現主義のもとでも資産代替リスクを抑えられる場
合は，資産負債比率を直接分配可能額規制の基準に用いた場合よりも限定的で
ある。だが，それでも，現行の剰余金分配規制が全く債権者保護に有用でない
わけではない。会社法の債権者保護制度でどの程度まで保護すべきなのかとい
う程度問題である。

⑸　現行制度の批判と立法論

　このように会社法の資本制度には，①実財産維持の制度と理解するか，それ
とも計算上の数額として理解するかに争いがあり，また，②資産代替リスクへ
の対応が不十分であるという問題点が指摘されている。ほかにも，債権者に
とって重要であるのは支払不能時にどれほどの財産が有るのかよりも支払いが
できるかどうかであり，支払いができるかどうかは保有資産に十分な流動性が
あるか否かにかかっているにもかかわらず，現行規制は資産の流動性比率につ
いて全く関与していないことを問題視する見解もある。

　しかし，これらの問題とは別に，そもそも債権者にとって会社に留保してお
くことが望ましい財産の価額を法律で一律に定めることはできないということ
を理由に，会社法上の債権者保護制度を設けることへの批判は強い。

　取引債権者・契約債権者であれば，前述のように融資の際に契約上の条項
（コベナンツ）において債務会社の財務状況を条件として定めることができるた
め，会社法がそれに加えて，さらに分配規制を法定する意義は乏しい。不法行
為債権者のような非任意債権者にとっては会社法上の債権者保護制度の意味が
あるものの，それならば，不法行為債権者に対しては有限責任を否定して株主

に無限責任を課すべきという議論があることは後述する（⇒**2**）。法律の基準が強行法規となることからすれば，法律上の分配規制は過剰規制とならないように最低限度の控えめなものであるべきである。

　こう考えると，現在の剰余金分配規制は，批判が強いものの，実効的な規制となると過剰規制となりがちであることから，あえて実効的でない最低限度の規制として維持されていると考えることができる。

(6) 残余権者性の確保

　それでは現在の会社法の計算に関するルールを会社債権者保護とは異なる目的のための制度として位置付けられないか。株主は，会社に出資した金銭は資本金あるいは資本準備金となって会社から分配を受けることはできず，取得原価主義・実現主義によって，資産の時価が変動しただけではなく，資産売却等によって価格変動リスクから解放されたタイミング，すなわち利益または損失として確定した場合に初めて計算書類に反映して分配を受けることができる。このような取得原価主義・実現主義によって変動する分配可能額というのは，取引活動によって生じた会社の利益または損失（このように次の取引行為1単位によって変動する利益または損失を限界利益・限界損失といい，両者をあわせて限界損益という）ということができる。前述のように出資価額については分配可能額から控除され，このような限界損益のみ株主への分配可能額となるということは，株主の残余権者性（⇒第**10**章 ②**1**）を保障するものである。つまり，分配可能額規制は，株主に会社の利益最大化のインセンティブを確保するための制度と位置付けることができる。

2　有限責任の弊害と対応━━━━━━━━━━━━━━━●

(1) 有限責任の弊害

　株式会社は有限責任であるため，事業活動によって生じた損失のうち会社の資産を超える分は株主ではなく債権者が被ることになる。これに対して会社の事業活動の意思決定を行うのは株主ないし株主に指名された取締役・経営者である。このことから，株主は，発生する損失の一部を債権者に負担させること

で，社会全体からみれば望ましくないような事業活動を選択することがある。特に利益も大きいがそれ以上に損失も大きいようなリスクの高い事業を，発生した利益については株主が受け取り，損失が発生した場合にはその一部または大部分を債権者に負担させることで，本来ならば効率的ではないにもかかわらず，選択することがある（過度のリスクテイク）。

(2) 有限責任の弊害への対応

(i) 過度のリスクテイクへの現行法解釈論による対応

このような過度のリスクテイクに対して，会社法は一定の対応策を講じている。1つは，取締役の対第三者責任（会社法429条）によって，損失を被った債権者が取締役に対してその損害賠償を請求する方法である。もう1つは法人格否認の法理であり，株主（主に支配株主）に対して回収し損ねた債権を請求するという方法がある。

ここでは過度のリスクテイクとなっている点をもって取締役の対第三者責任の要件である任務懈怠とそれに対する悪意・重過失や，法人格否認の法理の濫用型と認定することが考えられている。

この点に関連して，株式会社が会社にとどめおく財産であるところの資本金額が過少であることをもって法人格否認の法理を認定する論拠とすること（いわゆる過少資本）が論じられてきた。

だが，過少資本の議論は，そこでいう資本として日本の会社法上，保障されていない実財産維持の資本制度を前提としていることや，過少を認定する前提として会社にとって適切な資本金額が計算できることを想定していることから，現在の会計基準ないし資本制度の理解と整合していない。このような中間概念を用いる必要はなく，過度のリスクテイクと言えるかどうかを直接問題にして論じたほうが生産的であろう。

(ii) 不法行為債権者への無限責任

また，契約債権者であれば契約締結時に支払不能に備えて会社に対して財務状況について条件（財務制限条項）を付す機会が少なくとも理論上は存在する。このため契約債権者に対して会社法が重ねて債権者保護をする必要はない。これに対して不法行為の債権者（被害者）には，そのような条件を付す機会すら

ないままに債権者となったのであるから，株式会社の有限責任の適用を否定すべきという議論がある。この場合，不法行為によって多大な損害が発生した場合に，被害者は，会社の財産だけで足りない場合には，当該会社の株主にも責任追及することが認められるべきであるという議論である。このような責任の存在を理由に株主は大規模不法行為のおそれに注意して取締役選任を行うようになり，また多大な損害が発生するおそれに備えて投資家は株式を取得する際に保険に加入して対応することとなろう。

上場会社におけるルール

　　証券市場に上場している株式会社の株式は投資家が自由に売り買いできる一方で，証券法（日本では金融商品取引法）が適用され，情報開示制度や不公正取引規制（インサイダー取引規制）など多くの規制が課される。しかしこのようなルールはなぜ設けられているのだろうか。

1 情報開示制度

1 法律上の情報開示制度

　会社法は，株式会社に対して，組織再編や新株発行など行為ごとの開示義務のほか，計算書類の公告義務を課し（会社法 440 条），金融商品取引法は，上場会社に対して，財務諸表を含んだ有価証券届出書や有価証券報告書による情報開示を義務付ける。

2 情報開示制度の根拠

(1) レモン・マーケット論

　このような法律による強制的な情報開示がなぜ存在するのか。伝統的にいわれてきたのは，情報開示がなされなければ，品質の悪いものと良いものとの区別がつかなくなるというものである。需要者（買主）がなにかモノを買う場合に，そのモノの品質が良いか悪いかわからなければ，調査をしてモノの品質を知ろうと考えるだろう。だが，その調査にはコストがかかってしまう。調査コストがモノの価値やモノの品質の違いによる価値の違いの大きさに比べて高いようであれば，買主は，そもそも調査コストをかけずに，品質が良いモノと悪いモノとのそれぞれの価値とそれぞれの出現可能性とを掛け合わせた期待値でモノの価値を考える。

　これに対して，供給者（売主）側は自分の持っているモノの品質を知っているため，品質の良いモノの売主はその買主の考える価格では売ろうとはせず，品質の悪いモノの売主のみが販売を試みる。買主はそのことを予測できるので，結局，品質の悪いモノを想定した価格をつける。この結果，市場では品質の良いモノは取引されずに退出し，品質の悪いモノのみが取引されることになる。このように，品質のよいモノが市場から締め出される「悪貨は良貨を駆逐する」状況をレモン・マーケット（lemon market。レモンとは粗悪な中古自動車の

意）あるいは逆選択という。

　このようなレモン・マーケットを避けるために情報開示が有効である。だが，この説明では，売主は自発的に情報開示をするはずであり，そもそも義務的な情報開示制度を設ける理由にはならない。

(2)　義務的情報開示制度の根拠

　それでは，強制的な情報開示制度の根拠はどこにあるのか。これまで多くの学説がこの問題を論じてきた。

(3)　Bad Information の開示

(i)　Good Information よりも Bad Information の方が少ない場合

　その1つは，任意の情報開示では，自らが有利になる良い情報（Good Information）は開示するが，自らが不利になる悪い情報（Bad Information）を開示しなくなるという説明である。この場合も「悪い情報はない」ということが「良い情報」であり，この良い情報を自主的に開示することになるので問題はなさそうである。だが，悪い情報を持っている主体の方が少ない場合には，「悪い情報はない」ことを多くの当事者に自主的な開示をさせるよりも，悪い情報を持っている少数の主体に法律で情報開示を強制してしまったほうが安価である。

　たとえば，「今日，製造している商品に重大な欠陥があることが発覚した」という情報について考えよう。この情報は「悪い情報」であるため，義務的な情報開示がなければ任意に情報開示はなされない。しかし，買主は，商品に重大な欠陥があるかどうかわからないと，そのリスクがある分，商品の価値を低く考える。欠陥がみつかっていない質の良い商品の価値に応じた値段で売りたい売主は，「今日も，商品には重大な欠陥は見つかっていない」という「良い情報」を任意に開示するであろう。だが，市場に多くの売主が存在し，日々，取引する中で，「今日，商品に重大な欠陥が発覚した」という悪い情報が生じるケースは非常に少数であり，他方，「今日も，商品に重大な欠陥は見つかっていない」という良い情報が生じるケースのほうが圧倒的に多い。

(ii) Bad Information の開示義務

それならば，毎日，多くの売主に「今日も商品に重大な欠陥が見つかっていない」という良い情報を出させるよりも，ある日，商品に重大な欠陥が発覚した少数の売主に「商品に重大な欠陥が見つかった」という悪い情報を出させた方が，社会全体での情報を伝達するコストの節約になる。

そこで，社会全体の情報伝達費用節約の観点から「悪い情報」を義務的に開示させる（法令違反発覚時の報告義務などがその例である）ことが考えられる。

(4) フォーマットの統一

他の説明として，他の会社との情報の比較可能性を担保するため，法律が開示する情報のフォーマットを統一するということが挙げられる。

ただし，このようなフォーマットを法律が作成する必要はない。たとえば業界団体のような民間機関でもフォーマットを作成することができる。特に，国を超えて他の会社と比較する可能性がある場合は，国際条約のような国際的な法ルールがないのであれば，国ごとにルールが異なる法律でフォーマットを統一するよりも，国際標準化機構のような機関で各種の規格を標準化したほうが実効性が高い場合もある。

(5) エンフォースメントの確保によるコミットメント

情報開示はその内容が正しいことが保証されなくては意味がない。だが，自主的な情報開示では，仮に虚偽や不実開示があった場合に，どのようなサンクションがあるのか明確ではない。そのため情報開示の際に虚偽や不実開示をする者が出てくるかもしれない。そのような懸念がある状況では情報開示がなされてもレモン・マーケットは解消しない。

そこで，法律では，情報開示規定を設けると同時に，虚偽記載や不実開示があった場合には，民事責任や行政制裁などのサンクションが発動すること（エンフォースメント）を定める。このようなサンクションがあることで，情報開示主体は正しい情報を開示しようと努め，その結果，情報の受け手も開示情報を正しいと信じることができる（このように正しいと信じさせる仕組みをコミットメントという）。

このように法律による情報開示は情報開示そのものに意味があるのではなく，違反した場合に比較的容易に発動するサンクションがセットでついていることによって，開示情報の真実性を担保させる点に意義がある。

　たとえば金融商品取引法が目論見書・有価証券届出書・有価証券報告書等の法定ディスクロージャー書類の不実開示における発行会社・役員等の責任規定（金融商品取引法17条〜22条など）を民法の不法行為や詐欺・錯誤とは別に設けているのはその例と言える。

▌(6)　実質的な行為規制▐

　近時，コーポレートガバナンス・コードなどのソフトローを中心に，一定の規範を守る必要はないが，守らない場合にはその旨と理由を開示せよという「comply or explain」型のルールの中で義務的な情報開示が広く用いられている。

　これは一方では，強行法規ではなく，あくまで情報開示の規定と位置づけることができる。だが，他方では，その規定内容はベストプラクティスとして遵守することが推奨されるものである。このため，遵守せずにその旨と理由を説明するとそのことがネガティブに受け止められることから，結局，遵守せざるを得ないという事実上の強行法規として機能する場面もある。

3　最近の開示義務の拡大───────────────●

▌(1)　情報開示事項の拡大▐

　近時，上場会社の情報開示事項が拡大している。伝統的な財務諸表の数字のような客観的なもののみならず，コーポレート・ガバナンスの状況や，ESG関連事項（有価証券報告書における女性管理職比率・男性育児休業取得率・男女間賃金格差といった「従業員の状況」，温室効果ガス排出量削減目標などの「サステナビリティに関する考え方及び取組」など）まで情報開示の対象が及んでいる。

　このような情報開示の拡大はどのように正当化されるのか。虚偽記載や不実開示があるとき損害賠償責任等のサンクションが発生すれば，コミットメントとして機能することになる。だが，コーポレート・ガバナンス事項やESG関

連事項については，不実記載があっても金融商品取引法上の損害賠償責任規定の適用はないことがある旨の見解も見られる。このような見解に従った場合には，あくまで開示の「フォーマットを統一」したことで比較可能性を担保した点に意義があるに過ぎないか，あるいは事実上の強行法規として設けられたと考えることになる。

(2) ソフトローからの事実上の強行法規化

当初はソフトローであるコーポレートガバナンス・コードや会社法（平成26年改正会社法327条の2）で，comply or explain 型で導入されていた上場会社における社外取締役の設置が，令和元年会社法改正で義務付けられたのは，事実上の行為規制が法律上の強行法規となった例といえる。コーポレート・ガバナンスやESG関連事項の開示事項には，このような将来の法律上の強行法規の「卵」ともいうべき事実上の行為規制が含まれている可能性が高い。

インサイダー取引規制

インサイダー取引とは会社役員や大株主などの内部者およびその取引先などの準内部者が獲得した内部情報を知って，その公表前に上場株式等の取引をすることを禁止するルールであり，金融商品取引法で規制されている。

1 インサイダー取引規制不要論

インサイダー取引は多くの国で禁止されている。だが，本当にインサイダー取引を禁止する必要があるのだろうか。インサイダー取引を禁止する必要はないという議論も十分に成り立ちうる。

(1) 情報の伝達

証券市場および証券法（金融商品取引法）の役割として，証券の価格形成を適正に行うことによって適切な資本分配ひいては適切な経済発展を実現するということが挙げられる。そして，適正な価格形成にはなるべく多くの情報を市場

の価格形成に反映することが望ましいところ，インサイダー取引は内部情報を持っている者の価格評価が市場に伝わることになり，より適正に価格形成がなされることになることから，適正な価格形成という観点からはむしろ望ましいことであって禁止すべきでないと考えることができる。

　しかし，インサイダー取引による内部情報の伝達では，価格上昇ないし下降の原因がどこにあるのか市場にいる他の投資家は判断できない。当該企業の内部情報が反映したものなのか，その他の外生的な事情によるものなのか判断できないことから，このことをもってインサイダー取引を促進すべきとまではいえない。

(2)　エージェンシー問題緩和・事実上の報酬理論

　インサイダーとは経営者など会社の事業に貢献している者である。そして，業績連動報酬等において経営者には会社または株主の利益になるような行動をとるようにインセンティブが与えられているものの，それは十分ではない。そこでインサイダー取引を容認することで，会社の企業価値を上げ，そのことが内部情報のうちに取引をすることで事実上の報酬となり，内部者が会社・株主の利益に働かないおそれがあるというエージェンシー問題の緩和のための解決策として利用するという発想がある。

　だが，インサイダー取引を容認すると内部者は企業価値を下げて空売り（証券を他人から借りて売却し，返却期限前に価格が下がった状態で買い戻すこと）をするということで容易に利益を獲得することができるようになり，必ずしも企業価値を上げる方向にインセンティブが設定されるとは限らない。

　また，インサイダー取引が容認されることで会社の内部情報のうち具体的な事情はいつまでも市場に伝わらず，市場からの経営者ないし企業の評価がより困難となることから，エージェンシー問題は緩和するどころか悪化するおそれもある。

(3)　内部情報の生産の促進

　インサイダー取引を容認すると，内部者は内部情報を利用することでより利益を獲得できることから，内部者に内部情報の生産のインセンティブが生じる

ことを理由にインサイダー取引を禁止すべきでないという主張もなされている。企業内の内部情報であっても情報の生産にはコストがかかり，このような情報が多く生産されることは（その後，インサイダー取引あるいは公表を通じて）市場に伝えられることでより適正な価格形成を可能とするものであって望ましいと考えることもできる。

だが，証券市場にとって重要な情報は内部情報に限られず，アナリストらによる外部情報も重要である。インサイダー取引を容認することで内部情報生産のインセンティブを強化することは，外部情報生産のインセンティブがそがれ，かえって証券市場に伝わる情報の量や質を下げることにもつながりかねない。

2　インサイダー取引規制必要論

このようにインサイダー取引規制不要論は有力に唱えられているものの，それぞれ欠点も存在する。これに対して以下のような理由からインサイダー取引規制はやはり必要であるとの主張がなされている。

(1)　内部情報公表のインセンティブ

インサイダー取引規制は，内部情報を持っている者の当該企業の証券取引を禁止するものであり，この取引禁止は内部情報が内部情報でなくなるまで，すなわち公表されるまでのものである。よって，内部者はインサイダー取引禁止に抵触することなく当該企業の株式の取引をするためにも，内部情報を市場に公表するインセンティブが生じる。このようにインサイダー取引規制が存在することで，市場に正しい情報が公表されるインセンティブとなる。

(2)　流動性・証券市場の参加者の拡大

また，インサイダー取引が認められていれば証券市場の参加者は常に取引相手方が内部情報保有者であることを懸念しながら取引を行うことになる。内部情報保有者との取引によってのちに大きな損を被るおそれがある。そこで，およそ内部情報にありつける可能性のない投資家は，当該株式の取引を控えるようになるおそれがある。

そこで，インサイダー取引を規制することは，内部情報におよそありつけな

い一般投資家を市場に呼び込む機能がある。これは，証券市場の参加者および
そこでやり取りされる金銭を増やすことになり，それに伴って事業活動へ流れ
る資金量が増加するほか，証券市場の流動性も向上し，価格形成の適正さが増
すことが考えられる。

これらの理由からインサイダー取引規制の禁止は今もなお多くの国で維持さ
れている。

敵対的企業買収と買収防衛策

1 敵対的企業買収の効用─────────────────────●

敵対的企業買収（同意なき買収）とは，現経営陣ないし取締役会が反対して
いる企業買収のことである。現経営陣または取締役会が反対しているからと
言って会社の利益を害するとは限らない。証券市場に上場している会社の株式
は市場で自由に売買できる。企業買収は株式を買い集めることによって行われ，
そのためには現在の株価よりも高い価格で株式を購入しなくてはならないこと
からすると，むしろ，敵対的企業買収は，現経営陣よりも企業価値を高めるも
のである。またこのような敵対的企業買収が社会に存在することにより，まだ
ターゲットとなっていない多くの会社でも経営陣が買収されないように株価を
上昇させるべく経営を行っている。

このように敵対的企業買収には経営の規律付け効果があり，会社の利益また
は社会全体の経済的価値の最大化においてプラスとなっている。そこで，「敵
対的」という表現でネガティブな印象を与えることを避けるため，近時，経済
産業省の報告書・ガイドライン等では「同意なき買収」という表現が用いられ
ることも増えている。

2 敵対的企業買収の弊害─────────────────────●

このように敵対的企業買収は会社ひいては社会にとってプラスの価値を生む
ものである。だが，一定の場合には，例外的に企業買収が会社の価値を下げる

こともありうる。そして，企業価値を下げるような買収に対しては一定の防衛措置をとることを認めるべきという主張がなされる。

（1） 信頼の裏切り論

(i) 信頼の裏切り論と関係特殊投資

その1つが，敵対的企業買収には，株主以外の会社の利害関係人（従業員など）の信頼を裏切って，彼らのこれまでの会社への貢献から搾取する場合があるという**信頼の裏切り論**である。従業員や取引先などは当該企業にとってのみ利益となるような技能・技術を身につけるべく投資を行っている。このような**関係特殊投資**は，他の企業・取引先との関係では価値はないため，当該企業との取引関係が継続することを信頼して行うものである。だが，関係特殊投資をいったんしてしまえば，他に利用できないものであるから，対象企業はその投資に見合った金額ではなく安く買いたたくことで利益を上げることができる。

買収者はこのような信頼の裏切りによって会社の利益を上げることができるものの，このような信頼の裏切りがなされれば社会において関係特殊投資がなされなくなるという不利益が生じる。

そこで，信頼の裏切りによる利益獲得を動機とする敵対的企業買収を抑止するため，このような買収を阻止するための買収防衛策を認めるべきという主張が出てくる。この信頼の裏切り論による買収からの防衛は少なくとも有事（買収時）における株主利益とは無関係なものである。よって，株主の判断によることなく，取締役会限りでの防衛を認めるべきという主張がでてくる。

(ii) 信頼の裏切り論の欠点

このような信頼の裏切り論の欠点は，そもそも信頼関係のみを基礎とした関係特殊投資が実際にどれほどなされているのか不明確である点，そして敵対的買収者はこのような信頼の裏切り論による利益を獲得するものであること，これに対して現経営陣や取締役会は関係特殊投資の保護の担い手として適切であること（現経営陣には「信頼の裏切り」のインセンティブがないこと）についてその保証がないことである。

信頼の裏切り論を根拠とする買収防衛の正当化は，長くなされてきた議論であるが，これらの疑問が解決していないという欠点を抱えている。

(2) 強圧性

(i) 望ましくない企業買収の例

　信頼の裏切り論は株主以外の利害関係人の利益を根拠とするものであったが，株主の利益に着目しても，例外的に，企業買収が望ましくないという場合もある。それが**強圧性**の議論である。

> ### CASE 12-1
>
> 　A社の現経営陣の経営方針のもとでA社の株式の価値は100円である。買収者がA社に対して1株80円で支配権を取得できる量（発行済株式の66.7%）の応募を停止条件にした公開買付によって企業買収を計画している。買収が失敗した場合の株価は100円であるのに対し，買収が成功して買収者に支配権を握られた場合，キャッシュ・アウト（少数株主の株式を強制的に買い上げ，現金を対価として会社から締め出すこと）によって60円で締め出されることになる（このように公開買付後にキャッシュ・アウトを予定している企業買収を二段階買収という）。

　CASE 12-1で掲げた企業買収は，買収が失敗した場合の株価は100円，買収が成功した場合，公開買付で売却された株式は1株80円，公開買付に応じず会社に残った結果，キャッシュ・アウトで締め出される場合の株式の価値は1株60円と，株式価値ひいては企業価値を下げるものである（⇒図表12-1）。よって，この企業買収は実現されるべきではなく，またこのことを知っている株主も，80円での申込みに応じて売却することはないはずである。

図表 12-1 望ましくない二段階買収

	買収成功	買収失敗
応募	80円	100円
応募しない	60円	100円

(ii) 強圧性による望ましくない企業買収の成立

　しかし，このA社が，株式の所有が分散している上場会社であり，株主それぞれがわずかな割合しか株式を保有していない状況であれば，各株主は自分が公開買付に応じるか否かは買収の成否（66.7%の株主の応募があるかどうか）に影響しないと考える。他の株主の多くが公開買付に応募して買収が成功する場

合，少数派株主として残されて 60 円で締め出されるよりも，80 円で売却したほうが得（まし）である。他方で，他の株主の多くが公開買付に応募しなければ，停止条件を満たさず，公開買付は失敗し，応募しようがしまいが株式は売却できず，100 円の価値が実現することになる。よって，買収が成功する場合と失敗する場合の両方を考えると，公開買付に応募するということが個々の株主にとって合理的な行動となる。この応募という合理的な行動を全株主（多数の株主）がとることで，結果として，本来は成功すべきでない公開買付が停止条件を成就し，成功することになる。

　このように，少数派株主として残存すると，より不利益な扱いを受けることが予想されることで，分散した株主が買収の申し出に応じて株式を売却し，本来は成立すべきでない非合理な企業買収が成立するという議論が，強圧性の議論である。

(3)　強圧性への対抗策

　このような強圧性の問題に対処するために 2 つのルールがある。それがキャッシュ・アウト価格の規制と買収防衛策（いわゆるポイズン・ピル）である。

(4)　キャッシュ・アウトの価格規制と公開買付規制

　強圧性の問題が生じた原因の 1 つは，少数派株主として残存するよりも公開買付に応じたほうが利益となる（ましである）という状況にあった。だが，日本法を含むキャッシュ・アウトを認める多くの法制では，キャッシュ・アウトによる締め出しの対価を締め出される株主が裁判所で争うことが認められている。そこで，公開買付後にキャッシュ・アウトする場合において締め出しの価格決定申立を受けた裁判所が，公開買付価格と同じ価格を「公正な価格」とすれば問題は解決する。

　だが，この解決策では，買収者が，少数派株主をキャッシュ・アウトせずに不当な扱い（剰余金分配をせずに取引や報酬の形で会社の利益を多数派株主の関係者が吸い上げる等）をした場合には，解決にならない。そこで，立法論としては，公開買付で支配権を取得した場合，残存した少数派株主に，公開買付価格と同額で株式を買収者に買い取ってもらう機会（退出権）を保障すべきという議論

がある。具体的には，公開買付で支配権を取得した買収者は，同一価格で残存株主全員を対象に公開買付を実施する義務を課す（義務的公開買付または公開買付期間の延長）というルールを導入することである。

▌(5) 買収防衛策（ポイズン・ピル）▌

　強圧性の問題が生じるもう1つの原因に，分散した株主が，他の株主が応募するかどうか，この買収が成功するかどうかがわからないという状況があった。そこで，個々の株主が公開買付に応募するか否かを決定する前に，株主が全体としてこの企業買収に賛成するかどうかを決定する機会を与えることができれば問題の解決になる。この具体的な手法が，**買収防衛策**（ポイズン・ピル）を活用する方法である。

　ここでいう買収防衛策とは，たとえば，買収者（○○％以上の株式を保有する株主）以外の株主が行使できる新株予約権（差別行使条件付新株予約権）を無償割当て（会社法277条）するという方法がある。この新株予約権は，権利行使価額が1円等の微々たる金額にするか，全部取得条項を付して対価として新株を交付することになっている。そして，買収者は権利行使できない，あるいは権利行使しても株式は取得できない（その代わりに株式と同価値の金銭を交付するというものもある）という差別行使条件が付されている。このような新株予約権を株主に1株あたり複数個無償割当てする。これによって，買収者以外の株主の株式数が数倍に増加し，買収者の持分が薄まり，企業買収の実現が困難になる。

　このような買収防衛策は，差別行使条件付きという点で，株主平等原則（会社法109条1項）に反するようにも見える。しかし，買収防衛策の導入（または廃止）の際に株主の判断（株主総会決議）を要求することで，企業買収への賛否を株主が示す機会となり，強圧性の問題の解決になる。そこで，株主総会等で株主自身が当該企業買収は会社の利益ひいては株主共同の利益を害すると判断した場合には，相当の範囲内であれば，買収防衛策は株主平等の原則に反さず適法となる（最決平成19・8・7民集61・5・2215〔なお，強圧性の問題を超えて情報・判断力に不足する株主の判断に企業買収の帰趨を任せるべきではなく，取締役会こそが判断すべきであるという立場からは買収防衛策を株主総会の決議なしであっても適

法とすべきと主張されている〕)。

(6) 買収防衛策 vs 公開買付規制

それでは買収防衛策と公開買付規制の強化のいずれが望ましいか。

買収防衛策の欠点は，株主総会決議にかける前の段階で，そもそも買収防衛策を実施するか否かを最初に判断するのは取締役であるため，取締役が賛成している企業買収（友好的企業買収）では機能しないという点にある。特に，経営者が買収者側である MBO においてその問題は顕著である。このことから買収防衛策よりも公開買付規制の方が望ましいという主張がみられる。

だが，この欠点は，取締役が買収者側にいる場面では，株主を害するような買収やキャッシュ・アウトを抑止するために，取締役の株主に対する責任（会社法 429 条）を課すことで克服できる。二段階買収のように会社の支配権移転を伴う企業買収の場面では，取締役に買取価格を最大化する義務（アメリカの判例に由来してレブロン義務と呼ばれる）を課せばよい。日本の裁判例では，レブロン義務まではないにしても，公正な価値を締め出す株主に移転させる義務（公正価値移転義務）と，公開買付段階で株主が公開買付に応じるか否かの意思決定を行う上で適切な情報を開示すべき義務（適正情報開示義務）があることが認められている（東京高判平成 25・4・17 判時 2190・96）。

このように買収防衛策と取締役の義務・責任との組み合わせによって公開買付規制の強化を代替できる。この場合，両者の相違は，判断主体が買収防衛策＋取締役の義務・責任であれば一義的には裁判所となるのに対して，公開買付規制では取引所や公開買付を担当する官庁（日本では金融庁）となるという点にある。

ケース・バイ・ケースの柔軟な判断が必要であり，画一基準の形式的な運用に陥らないためには，司法判断を中心とした買収防衛策＋取締役の義務・責任による解決にも十分な合理性がある。

第 13 章

倒 産 法

　日本の法学部では倒産法は講学上，民事訴訟法の一部／延長であり，また担保は民法の一部である。しかし，経済学的に機能に着目すると，倒産というのは，会社が債権者（debt holder）への弁済ができなくなる状態であり，会社の財産にとって限界的な損益の帰属が株主（社員）から債権者へと移転すること，すなわち残余権者が株主から債権者へと移転した場面とみることができる。このことは，倒産とは，会社の支配権が株主から債権者へと移転する場面であることを意味し，倒産法を会社法と連続的に捉えることができる。実際に，アメリカやフランスなど多くの国では倒産法は，民事訴訟法の特別法ではなく，商法・会社法と連続的に捉えられている。

　そして，このような会社の経済活動をモニタリングするインセンティブという観点からは，会社だけではなく債権者も問題にすることができる。そしてこのような債権者によるモニタリングをどのように設計するかという問題は，どのような順番でどのような責任財産の範囲から債権者の債権回収を認めるかという観点から分析することができる。この債権者の債務回収が認められる責任財産の範囲と優先劣後を規律するルールの1つが「担保」と考えると，担保法もまた倒産法そして会社法の応用問題と捉えることができる。

　本書ではこのような機能的分類に従って倒産法と担保法を会社法の後に配置した。

1 倒産法の意義

日本法において法的倒産手続として破産，民事再生，会社更生のほか預金保険法など特別法にも様々な倒産制度が存在する。この「倒産」とはどのようなものなのか。法と経済学の観点からは2つの意義が存在する。

1 残余権者の移転

株式会社では，会社の利益が増えたり減ったりすると，それは株主の取り分が増えたり減ったりすることとなり，会社の利益の最大化のインセンティブは株主にあるということが株主の会社支配権の正当化根拠とされている（⇒第**10**章**21**）。だが，これはあくまで平時の話であり，債務超過のような危機時期には当てはまらない。債務超過状態では，会社の利益が増えるか減るかは債権者の回収可能額に影響し，株主の取り分は0のままである。残余権者が株主から債権者へと移転したことになる。このような場合には会社の利益の最大化のインセンティブは債権者にあり，会社の支配権も債権者に移ることが望ましい。

そこで，株式会社では債務超過や支払不能など債権者への支払いが十分でない場合をトリガーとして，平時の株主利益最大化から，債権者利益の最大化へと指導原理が切り替わる。これは倒産制度の1つ目の意義である。

2 囚人のジレンマ状況

倒産手続のもう1つの意義は，債権者の個別の権利行使を禁止する点である。このことは囚人のジレンマ状況の解決として説明される。

> **CASE 13-1**
>
> ある会社が10人の債権者から1人1億円ずつ合計10億円の債務を負っている。この債務会社は，現在保有している資産の価値は債務額に満たず，債務超過状態にある。そして，この資産を最も効率的に再利用する業者に売却すれば最大3億円となるものの，そのためにはかかる事業者を探索しなくてはならず，時間がかかる。債務会社の資産を手っ取り早く売却すれば1億5000万円で売却できる。

(1) 囚人のジレンマ状況にあること

CASE 13-1 において，10 人の債権者のうち最初に回収に来た債権者は，自らの債権額である 1 億円さえ回収できればよいのであるから，手っ取り早く 1 億 5000 万円での売却を選ぶ。その結果，債務会社の資産を効率的に活用できないような相手方へと売却されることになり，非効率な結果となる。1 億 5000 万円で購入した業者がさらに 3 億円で購入してくれる売却先を探すこともありうるが，債務会社の資産を売りやすい資産から順番にバラバラに売却したような場面などは，再び債務会社の資産を買い集める取引費用が高くなって 3 億円分の価値のある再利用は実現しない。

最初に回収にきた債権者がこのような状況を理解したとしても，より高い値段で買ってくれる相手方を探すまで待ってはくれない。なぜならその間に 2 番目に回収にやってきた債権者が債務会社の資産を安価に売却してしまうおそれがあるからである。2 番目の債権者が会社資産を手っ取り早く 1 億 5000 万円で売却し，そのうち 1 億円を回収すると，最初の債権者の回収可能額は残りの 5000 万円になってしまう。それを回収するまでの間にさらに 3 番目，4 番目の債権者がやってきて残りの 5000 万円も持って行ってしまうかもしれない。

このように全債権者にとって回収可能額を最大化するには，時間をかけて債務会社の資産の価値を最も高く評価する買手に売却することが望ましいものの，それぞれの債権者が抜け駆け的に債務会社の資産を強制執行してしまうおそれがあるため，どの債権者も早い者勝ちで権利行使をしようと選択するのが，囚人のジレンマと呼ばれる状況である。

(2) 囚人のジレンマとは

囚人のジレンマとは，ゲーム理論による分析枠組みの 1 つであり，以下のような捕らえられた 2 名の共犯者（囚人）が，犯罪について自白するか黙秘するかを選択する場面を想定する。

CASE 13-2

ある国で，2 名の共犯者が警察に捕らえられ，現在，それぞれバラバラに取り調べを受けている。この国では，ともに自白すると重い犯罪が立証され，情状酌量込

みでともに懲役 5 年が科される。ともに黙秘をすると軽い犯罪のみ立証され，ともに懲役 2 年が科される。そして，片方の共犯者が黙秘しているところ他方の共犯者が自白すれば，自白した共犯者のみ司法取引で釈放され，他方の共犯者は情状酌量もなく懲役 10 年が科される。

CASE **13-2** では，一方の共犯者は，他方の共犯者が自白したと仮定した場合には自白すれば懲役 5 年，黙秘すれば懲役 10 年となるため自白したほうがよく，他方の共犯者が黙秘したと仮定した場合にも自白すれば釈放，黙秘すれば懲役 2 年のため自白したほうがよい。この状況ではいずれの共犯者も自らの刑罰を軽くするために自白を選ぶが，その結果，共犯者がともに黙秘を選んだ場合よりも刑罰が重くなる（⇒**図表 13-1**）。

図表 13-1 囚人のジレンマ

共犯者 B 共犯者 A	自白	黙秘
自白	(−5, −5)	(0, −10)
黙秘	(−10, 0)	(−2, −2)

(3) 囚人のジレンマの解決策——倒産法の意義

このような囚人のジレンマの解決策は，共犯者同士が情報交換をしてともに「黙秘」を選ぶように約束し，それを遵守することである。「囚人」であればそのような情報交換は不可能であるが，債務超過会社に債権を有している債権者同士であれば，不可能ではない。すべての債権者が，個別の権利行使を禁止するように約束することで，債務会社からの債権回収額を最大化することは理論上可能である。実際に，「私的整理」と言われる，法的な倒産手続を利用しない清算・再生手続では主要な債権者が合意によって個別の権利行使を控えることで回収額をなるべく増やす清算・再生手続を実現している。

だが，そのような約束（契約）をエンフォースできるのか問題があるし，さらに，そもそも債権者の数が多数に上り，債権者同士お互いの存在を知らない中でそのような契約を結ぶことは取引費用が高く，現実には難しい場面もある。そこで，裁判所への申立てと裁判官の判断によって，債権者の個別の権利行使

を禁止するというのが倒産制度の第2の意義である。

3 再生手続

　このような個別の権利行使の禁止が最も影響するのは事業再生の場面である。先ほどの例では，債務会社の資産を売却する場面を念頭においたが，そのまま債務会社に事業を継続させ，その収益から債権回収を図ることで，回収率を最大化することもありうる。そして，このような再生の場面では，各債権者が債務会社の資産に強制執行をすると事業継続が困難となり，再生が実現しなくなるため，権利行使を制約する必要性は清算手続以上に大きい。

再建計画

　以上のように倒産は，個別の権利行使を禁止し，また，株式会社であれば平時の株主利益最大化から債権者利益の最大化へと目標原理が切り替わることを意味する。このことから，倒産手続においては，会社財産の取引権限（管理処分権限）を，株主によって選ばれた取締役・代表取締役から債権者の利益を代表する別の機関へと移転させるべきと考えがちであるが，必ずしもそのようにはなっていない。

(1) 管財人

　まず，既存の取締役・代表取締役から会社財産の取引権限を引き継ぐ制度として管財人という制度が倒産法には用意されている。このような管財人は裁判所によって選任されるものの，その目標は，回収額という意味での債権者利益の最大化となる。だが，このような管財人はすべての倒産手続において選任が強制されるわけではない。

(2) DIP (debtor in possession)

　民事再生ではこれまでの取締役・代表取締役に会社財産の管理処分権限が残るのが原則とされている。従来の債務会社の財産管理処分権限者がその地位に

とどまることから DIP（debtor in possession）型と呼ばれる。倒産手続において，常に，現在の取締役らがその地位・権限を奪われるということになると，債務会社の財産状況について一番詳しいはずの取締役らは自らの地位・権限が奪われることになる倒産手続の申立てをしようとは思わなくなる。財産状況が悪化し全債務への弁済ができない状況となれば，なるべく早期に手続を開始したほうが安価かつ迅速に再生を実現できる。そこで，債務会社の財産状況について情報を持っている債務会社の取締役らに早期申立のインセンティブを確保するためにも，倒産手続において DIP 型を保障することに利益がある。また，再生型であれば，倒産手続開始後も事業を継続することとなるところ，かかる事業の担い手として従前の取締役らが最も望ましいこともあり，このような場合には結果として DIP 型となる。

　他方で，DIP 型を完全に保障してしまうと，債務会社の取締役らは債務の弁済をないがしろにするというモラルハザードのおそれが生じる。

３ 担保権の意義

　債権の回収を確保するための様々な手段を総称して**担保**と呼ぶ。典型例として，抵当権や質権などの担保物権があり，民法上の保証のほか，相殺にも担保的効力があるとされている。これらの担保にはどのような経済的意義があるのか。担保には，債務を弁済できなかった場合に債務者の財産以外の財産を引き当てに提供することで責任財産を拡張する方法と，特定の財産からの回収を優先的に認める方法の 2 通りがある。

1　外部担保のシグナリング効果————————●

(1)　情報の偏在とシグナリング

　債務者の財産以外の財産を責任財産に加えることで，債権回収を確保するタイプの担保（外部担保）には，たとえば第三者が保証人になることや，第三者の財産に抵当権を課すような場合（物上保証人）がある。債務者側からすれば，

本来は債務者の財産のみが債権の引き当てになるところ，それ以外の財産を当該債権の引き当てに足すことから，あえて不利益な条件を提供することになる。このようにあえて不利益となる条件を示すことで，債務者は，そうでない債務と比べて，弁済することに自信があることを示すことができる。将来の弁済の確実性について，通常，債権者よりも債務者のほうがよく知っているという情報の偏在があるところ，債権者よりも債務者のことをよく知っている関係にある第三者が不利益となるような担保を提供することで，債務の弁済の確実性が高いことを債権者に伝えることができるという**シグナリング**の機能を有する。

CASE 13-3

　事業活動を実施するために 1 億円を 1 年間借りたい会社（株式会社）として H と L の 2 種類がいる。いずれの会社も株式会社であって有限責任であり，経営者が会社の株式の 100％を保有する一人会社である。そして，いずれも 1 億円を借りて 1 年間で 2000 万円収益を上げるという計画で事業を行う。

　H タイプは確実に（＝100％の確率で）その事業を実施できるのに対して，L タイプはこの事業計画を実施できる可能性は 50％であり，50％の確率で失敗して 5000 万円しか資産が残らない。お金を貸す債権者はどの会社が H タイプなのか L タイプなのかを判別できないが，お金を借りる会社の経営者は自分がどちらのタイプなのかを知っている。経営者は債権者からお金を借りる際に個人として保有する 1 億円の不動産に抵当権をつけることができる。この場合，会社が債権者へ債務を弁済しなかった場合には，抵当権が実行されて経営者は不動産を失い，不動産の売却対価から弁済がなされることとなる。

　債権者はどのようにすれば H タイプの会社にのみお金を貸すことができるか？

▎(2)　利息による対応の限界 ▎

　CASE **13-3** において L タイプの会社の回収額の期待値は 1 億円よりも低くなる（⇒図表 13-1）。そのため，債権者は確実に弁済する H タイプの会社にのみ貸付をして，支払不能となる見込みの高い L タイプの会社には貸付をしたくない。まず，利息を高く設定することを考える。しかし，H タイプの会社に課すことのできる利息は最大でも 20％未満であるのに対して，L タイプの会社も同じ利息を負担することができてしまう。L タイプの会社は事業に失敗しても，有限責任であるため全額弁済できないという結論に変わりはなく，利息を高く設定しても意味がないからである。つまり利息を高くしても両タイプ

を分けることはできない。

図表 13-2 担保のない場合（利息 i〔$i < 2000$ 万円〕）

	会社（1年後）	債権者の回収額	会社の経営者（株主）
H タイプ	1億2000万円	1億+i円	2000万-i円
L タイプ	期待値：8500万円 50%（成功）：1億2000万円 50%（失敗）：5000万円	期待値：7500万+0.5i円 50%（成功）：1億+i円 50%（失敗）：5000万円	期待値：1000万-0.5i円 50%（成功）：2000万-i円 50%（失敗）：0円

▌(3) 外部担保による対応 ▌

　これに対して，それぞれの経営者が個人として保有する不動産を担保に提供する場合を考える。Ｈタイプの会社の経営者は，会社が確実に弁済することを知っており，自らの不動産が担保権実行によって奪われることはないとわかっている。これに対して，Ｌタイプの経営者は，50％の確率で会社財産では弁済できず，自らの不動産を担保権実行によって失い，そこから不足額の5000万円と利息が債権回収によって債権者にとられることをわかっている。このためＬタイプの経営者は不動産を担保に供してお金を借りると，期待値として自らの利益はマイナスになることを知っているため（⇒図表13-3），そもそも担保を提供しない。

図表 13-3 担保のある場合（利息 i〔$i < 2000$ 万円〕）

	会社（1年後）	債権者の回収額	会社の経営者（株主）
H タイプ	1億2000万円	1億+i円	2000万-i円
L タイプ	期待値：8500万円 50%（成功）：1億2000万円 50%（失敗）：5000万円	期待値：1億+i円 50%（成功＝担保権不実行）：1億+i円 50%（失敗＝担保権実行）：1億+i万円	期待値：-1500万-i円 50%（成功）：2000万-i円 50%（失敗）：-5000万-i円

　CASE **13-3** のＨタイプの会社にとって，「担保を提供する」という一見すると自らに不利益な行為が，自らがＬタイプの会社ではないことを債権者に知らせるための行為として，債権者からお金を借りるために有用な行為となる。これがシグナリングである。

2　外部担保のモニタリング効果━━━━━━━━━●

(1)　外部担保提供者によるモニタリング

　第三者が保証人になったり保有する財産を抵当権の目的物に提供したりすることで，当該第三者は主債務者が債務を弁済するか否かに強い関心を有することになる。このことは，担保提供のタイミングで債務者に債務弁済の確実性が高いことを示す（シグナリング効果）だけでなく，担保提供以降においても債務者が債務不履行のリスクを高めるような事業活動をしないように担保提供者がモニタリングすることが期待できる。

　債権者よりも債務者の事業活動を監視しやすい地位にある第三者が担保提供することで，債務者が過度にリスクテイクをしないようにモニタリングすることは，効率的な結果が期待できる。

　近時，日本では，金融機関の融資の際に，債務者が有限責任である株式会社形態であるにもかかわらず，代表取締役などの経営者に融資債務の保証を要求することが問題視されている。しかし，上記の説明によれば，経営者が個人資産を会社債務の引き当てに提供することはシグナリングとして機能し，また，債権者よりも債務者である会社の事業内容や財産状況に詳しい経営者が債務会社を債権者に弁済をきちんとするようにモニタリングすることになるため望ましいと考えることもできそうである。

(2)　外部担保の問題

　だが，経営者の債務会社へのモニタリングの適切な水準は，債務会社が事後的に債務の弁済可能性を下げるような高リスクの事業へと変更しないように債務会社の事業リスクを債権者の想定通りに維持するというものであって，債務の履行が100％確実になされることまで求めるのは行き過ぎである。経営者などの第三者が債務会社の保証人となると，これらの第三者は自らの財産に執行されないように債務会社が債務不履行をできる限り起こさないような過度にローリスクの事業経営を選択するようになる。モニタリングをどんなにしても債務会社が債務不履行を起こすリスクはゼロではないことから，それならば最

初から事業活動を行わない，あるいは融資を受けないという選択がされてしまい，社会的に望ましいリスクを取った事業活動が奨励されなくなるおそれがある。

このように第三者保証・経営者保証にはメリットだけでなくデメリットもあることから，事業会社への融資を担当する金融機関がかつての慣行に縛られて過度に第三者保証・経営者保証を要求することで，現在の日本の事業活動が過度に低リスクなものとなっている，あるいはそもそも事業活動への参入が妨げられているおそれがある。経営者保証を要求する融資慣行に反対する主張はこのような発想に基づく。

3　内部担保のモニタリングコストの節約───────●

(1)　内部担保に社会的利益はあるのか？

債務者自身の財産で担保を提供する方法（内部担保）は，抵当権のように一定の財産について被担保債権者に優先的に債権回収を認めることになる。このような優先権は，被担保債権者を有利に扱う一方で，その他の債権者（一般債権者）はその分，劣後されて不利に扱われることとなる。これでは債権者間の利益の移転に過ぎず，社会的な富を生んでいないにもかかわらず，このような優先権の獲得のために様々な手続費用がかかることを考えると，このような優先権という意味での担保は，却って社会にとって損失になっているのではないかという疑問が生じる。

(2)　モニタリング費用の節約

この疑問に対して，担保が債権者のモニタリング費用の節約となることで社会的な利益となると考えられている。ここでいうモニタリング費用の節約には2つのシナリオがある。1つは，モニタリング対象を限定することによるモニタリング費用の節約である。特定の財産に優先権を付与された債権者は，当該財産から債権回収することを考えて，当該財産のみモニタリングすることで，債務者の事業活動全体・財産全体をモニタリングする必要がなくなる。このようにモニタリング対象を限定することで，社会的なモニタリング費用の節約と

なる。

　もう1つのシナリオは，モニタリングの主体を限定することで社会全体のモニタリング費用を節約するという説明である。債権者が複数いる場合に，全債権者が債務者の事業活動，特にリスクテイクについてモニタリングを重複して行うのは社会的には無駄である。そこで，債務者のモニタリングを最もしやすい債権者のみが全債権者の利益になるようなモニタリングを行うことが社会的にはコストの節約になる。だが，債権者側にすれば，債権者の誰かが全債権者のためにモニタリングをしてくれるならば，コストを節約するためにも自分はやりたくないとみんな考える（フリーライド問題）。その結果，どの債権者もモニタリングを行わないと債務者の過度のリスクテイク等が看過されてしまう。そこで，モニタリングを最もしやすい地位・能力のある債権者に担保権を認めることで，債務者のモニタリングによる利益を他の債権者よりも優先的に受けることを認め，これをもってモニタリングのインセンティブとする。

▌(3)　担保権者と一般債権者の利害対立▌

　しかしながら，この他の債権者の利益となるモニタリングをするには，モニタリングをする債権者と他の債権者とで利益が共通していることが前提であるところ，モニタリングをする債権者に担保権を認めてしまっては，モニタリングをする債権者と他の一般債権者との間には，株主と債権者との関係に類似した利害対立が生じる。具体的には，債務超過ないし支払不能のおそれがある場合に，担保権者は，優先的に回収できる自己の債権の回収のみに関心を持ち，劣後する一般債権者の回収率を上げることには関心はなく，債権回収額の期待値を最大化する事業計画でもリスクのあるものを選択しないインセンティブが生じる。このため，担保権者のモニタリングは場合によっては一般債権者の利益に反するものであるため，一般債権者は自らの利益のためのモニタリングを担保権者に委ねることはできず，モニタリング費用の節約を期待することは難しい。

4　資産代替の抑止─────────────●

　さらに，債務者の重要財産を担保として既存債権者に優先権を認めることで，

債務者が新たな借入をすることを困難にし，債務者が新たな借入によって従前の事業を拡大し，より高リスクの事業へと転換すること（**資産代替**）を抑止することも可能となる。特に債務者が株式会社である場合には，株主有限責任によって保護される株主は，債権者の利益の犠牲のもと，ハイリスク・ハイリターンの事業活動を選好するインセンティブがある。債務者の重要財産を担保に供することで，将来，高リスクの事業へと変更されるおそれを軽減して，債務者の現在の事業のリスクを基に融資をすることが可能となる。

5 過剰担保の問題点━━━━━━━━━━━━━━●

(1) 過度の早期清算へのインセンティブ

　このように債務者の財産を担保とすることにも社会的に見て効率性を改善する余地はある。だが，他方で，債権者が債権額に比して高額の債務者財産を担保とすることによる社会的損失の存在も指摘されている。それは，過度の早期清算へのインセンティブがあるということが原因である。

> **CASE 13-4**
> 　1億円の債権を有する債権者が，債務者の重要財産の担保権を取得していたとする。この重要財産は，債務者が事業継続するには必要不可欠な財産であり，清算価値は2億円であるとする。この債務者はすでに10億円の債務を負って債務超過であり，全資産を清算すると当該財産を含め2億5000万円，再生して事業継続すると当該事業からのキャッシュフローの割引現在価値は5億円となる。

　CASE 13-4の場合，全債権者の回収可能額を最大化するには，再生型で事業再生を行うべきであるが，重要財産を有する債権者にとっては，時間のかかる再生型よりも，担保権を実行して重要財産を売却し，対価の2億円から早期に確実に1億円を取得することを望む。その結果，全債権者の利益を考えれば，または社会全体の効率性を考えれば，再生型の方が望ましいにもかかわらず，担保権を持つ債権者の選択によって清算型への選択を余儀なくされてしまう。このような非効率は，債権者が即時の売却で債権の多くを回収できてしまうことによって発生するのであり，債権額に比して高額の資産を担保とする過剰担保であることによって生じる問題である。

だが，このような過剰担保のデメリットに対しては，担保債権者が，担保目的財産の売却を選択しようとする段階で，新たな貸手が担保目的物の売却によって回収可能となる1億円を担保債権者に提供することで担保目的物の売却を防ぎ，再生型での事業再編を行った後で，かつての担保債権者への弁済に提供した1億円を利息付きで回収することになるから，このような非効率な早期清算は発生しないのではないかとも指摘されている。これは，過剰担保を提供した債務者が支払不能の状態になっても新たな貸手がでてくるかどうか，金融市場（融資市場）競争がどれほど効率的であるのかによる。

なお，このような過剰担保による非効率な清算へのインセンティブに対して倒産法上，一定の対応がなされている。倒産法の中でも強固な再生手続である会社更生法においては担保付債権者も更生担保権として更生計画内でしか弁済を受けることはできず，個別に担保権実行することは認められていない（会社更生法47条1項）。民事再生手続においては，担保権は別除権として手続外で個別に権利行使が可能であるものの（民事再生法53条），再生債務者の事業継続に必要な財産については担保権消滅請求が可能であり（民事再生法148条），裁判所の許可によって，担保権者の同意がなくとも，担保権の目的物の処分価額（民事再生規則79条1項）を納付することで担保権を消滅させることができる。

6 事業担保の課題

⑴ **事業担保とは**

現在の日本法上の担保物権は，特定の不動産や動産，債権を対象とするもののみが認められているところ，立法上の課題として担保の対象となる財産を特定の財産に限定せず，会社の有する全財産に優先権を付与し，いわば事業全体に担保権を設定する手法（事業担保）を認めるかどうかが問題となっている。そして，2024年に事業性融資の推進等に関する法律により「企業価値担保」という事業担保の一種が認められた。

第三者の財産に担保を設定した外部担保であれば，いずれもシグナリングの

効果が認められる。債務者財産に担保を設定する内部担保では，特定の財産に対する担保権設定は，モニタリング対象を限定するという意味でのモニタリング費用の節約や重要財産を担保目的物とすることで新たな貸付の機会が事実上封じられることとなり，資産代替の防止となるという効果が認められるものの，他の債権者のためにモニタリングを行うという意味でのモニタリング主体の節約の効果は期待できない。

(2) 事業担保に社会的利益はあるのか？

これに対して，事業全体を担保とする場合には，モニタリング対象の限定という意味でのモニタリング費用の節約は期待できない。また，事業担保の優先的効力は，通常の事業活動によって生じた債権債務に対しては及ばないことから，通常の事業活動の範囲内として拡大した事業活動や増加したリスクを抑止することはできず，資産代替の防止の効力もあまり期待できない。他方で，よりモニタリングしやすい地位にある債権者が事業担保を有することで他の債権者の分もモニタリングを行い，モニタリング費用の節約となることが考えられる。だが，前述のように，優先権を有する担保権者と一般債権者との間には利害対立が生じるため担保権者のモニタリングが一般債権者の利益にかなうとはいえず，一般債権者のモニタリング費用の節約につながるかは疑問がある。

7 相殺の担保的機能

(1) 一般取引債権者のモニタリング能力への期待——銀行無能論

判例法理のもとでは，銀行などの預金取扱金融機関は，事業会社に融資を行うとともに預金の受け入れを行い，債務者企業の業績が悪化し融資債権の回収が困難となった場合には自行への預金債権から相殺によって優先的に債権回収をすることが認められている（相殺の担保的機能）。

これをモニタリング費用の節約で説明しようとすると以下のようになる。銀行の融資先企業へのモニタリングの対象を預金債権に限定し，融資先企業の事業活動全体をモニタリングする必要はないことがモニタリング費用の節約となる。しかし，そうなると融資先企業の事業活動についてモニタリング能力を有

しているのは，銀行ではなく，日頃の事業活動に必要となる役務や物品の供給取引などを通じて事業活動により密接にかかわっていると想定される一般取引債権者であるという理解が日本の判例法理のよってたつ前提ということになる。

(2) 銀行のモニタリング能力への期待——「メインバンク」論

しかし，銀行よりも一般取引債権者の方が債務者の事業活動をモニタリングできるという想定は必ずしも実証されたものではない。むしろ，預金口座を管理している銀行こそが融資先企業の事業活動全体のモニタリングをするに適しているという反論もある（メインバンク論）。このような立場からも相殺の担保的機能の説明は可能である。銀行が相殺によって事実上の担保を有することとなるのは債務者企業の銀行預金口座であり，この預金口座のお金の流れを通じて，まさに融資先企業の事業活動の全体をモニタリングしていると理解できる。このような銀行のモニタリングは，他の一般債権者の利益のためのモニタリングを銀行が代表して行っていると説明できる。そして，融資先企業の経営危機時には，むしろ一般取引債権者は全額保護して，取引を継続することで事業再生を図り，金融債権者のみが債権カットを受け入れるという形で私的整理を行うケースも多い。日本の判例法理はこのようなメインバンク論によるモニタリング機能を支持し，それを補強する立場と整理することができる。

だが，このようないわゆるメインバンク論に対しては，反論も有力になされている。銀行は相殺を通じて抜け駆け的な債権回収を行っているにすぎず，また，実証の問題として，銀行が他の一般債権者の利益にかなうモニタリングを行っているという証拠はないというものである。

文献リスト

●基 礎 法

・平野仁彦ほか『法哲学』（有斐閣，2002 年）

　少し古いが，功利主義や帰結主義，法と経済学といった観点につき法哲学の立場から概説されている本。特に，「法的思考」の箇所は，法解釈にとって経済学的思考をどのように生かせるかについて考えさせてくれる。

・瀧川裕英ほか『法哲学』（有斐閣，2014 年）

　上記平野ほか『法哲学』に比べて新しめの法哲学の書籍であり，例や現代的問題とともに考えさせてくれる。功利主義内部の要素分解や説の整理では上記の書籍よりこちらの方が詳しく，わたし（西内）もこうした分類中の統治功利主義という考えに大きく影響を受けている。

・草野耕一『会社法の正義』（商事法務，2011 年）

　功利主義的判断を実践する形で最高裁判事を務めた弁護士による読みやすい書籍。途中からは後述する法と経済学の（会社法における）応用問題に入っていくが，最初のあたりでは会社法で有力な富最大化ないしカルドア゠ヒックス的な基準としての法哲学的問題も詳細に扱っている。なお，経済学的な考え方も取り込みつつ，法学的な考え方ともより穏当に調和させたいと考えるなら，田村善之『市場・自由・知的財産』（有斐閣，2003 年）をはじめとした田村先生の一連の著作と対比しつつ読むとよいかもしれない。

・飯田高『法と社会科学をつなぐ』（有斐閣，2016 年）

　経済学に限らないが，経済学・心理学といった社会科学から議論をスタートして，これら学問と法学との関係を考えさせてくれる書籍。この書籍の著者は法社会学者に分類される学者であり，法が前提とする社会の分析，また，法が社会に与える影響の分析といった点への関心が反映されている。

●経 済 学

・石田潤一郎＝玉田康成『情報とインセンティブの経済学』（有斐閣，2020 年）

法と経済学で用いるべき経済学の概念やこの意味内容について，わかりやすく解説されている経済学の書籍。本書と同様にストゥディアシリーズの1つであり，記述内容をかなり絞り込むことにより，専門外の人間からも理解がしやすくなっている。

・安藤至大『ミクロ経済学の第一歩〔新版〕』（有斐閣，2021年）
　学問的にミクロ経済学を，しかしわかりやすく導入的に学ぼうと思うならこの書籍。この書籍もストゥディアシリーズの1つであって，導入に特化したものとなっている。ただし，ミクロ経済学への入門書はほかにもあるため，自分で読みやすいものを選ぶとよい。

・オリバー・ハート（鳥居昭夫訳）『企業 契約 金融構造』（慶應義塾大学出版会，2010年）
　本書でさらっと取り上げた不完備契約理論に基づき，企業が何のために存在するのかを分析してある研究書。経済学者ハートがノーベル経済学賞を受賞した考え方が平易に説明されており，企業の存在意義について経済学で有力な考え方を学ぶことができる。もっとも，平易とはいえ正確な理解には難易度の高い研究書であり，また，契約理論にいう「契約」は民法などで勉強する「契約」とはだいぶイメージが異なっているので，読むとしても注意して読むべきである。

・室岡健志『行動経済学』（日本評論社，2023年）
　心理学的観点を経済学に応用した行動経済学を解説している中で，日本語で読めるものとしては最高水準の書籍。巷で流行っている行動経済学の概説本と違い，正確な学問的内容を伝えてくれる。ただ，ミクロ経済学の知識を前提としており，かつ，数式が多いため，法学部生にはかなりハードルが高い。

・ダニエル・カーネマン（村井章子訳）『ファスト＆スロー（上）（下）』（早川書房，2014年）
　行動経済学を学問的に，しかし上記書籍より手軽に知りたいならこの書籍。数式も出てこず，ミクロ経済学について知る必要もない。ただそうであるがゆえに，経済学というより心理学の書籍として読むべきと言えるかもしれない。

・林岳彦『はじめての統計的因果推論』（岩波書店，2024 年）

　この書籍を取り上げる前提として，本書では経済学の理論面を中心に取り上げているが，実証面も法と経済学にとっては重要である。たとえば，会社のパフォーマンスを向上させるために社外取締役の設置を義務付けるべきかという，法と経済学に関係する法的議論の前提は，社外取締役の存在は会社のパフォーマンスを向上させるかという問題であり，この問題については多くの実証研究がある。こうした実証で用いられるのが因果推論であり，一定の統計的手法が用いられる。

　ここで掲げた書籍はこうした統計的因果推論の考え方の基礎を扱っており，実証研究で行われていることを理解するための良い準備となる。実証研究を深く理解するためには，この背景知識も知った方がよいからである。そして，この書籍に加えて，よりテクニカルな部分までしっかりと理解したいということなら，森田果『実証分析入門』（日本評論社，2014 年）なども併せて読むとよい。なお，経済学とは作法がやや異なる心理学の統計についても背景理論を知りたいなら，南風原朝和『心理統計学の基礎』（有斐閣，2002 年），同『続・心理統計学の基礎』（有斐閣，2014 年）がおすすめである。

●法と経済学の基礎

・スティーブン・シャベル（田中亘＝飯田高訳）『法と経済学』（日本経済新聞出版社，2010 年）

　正直，法と経済学について日本語で書かれた書籍で，わかりやすい基礎的な書籍はない，と言い切ってもよいが，あえて挙げるならこの書籍となる。数式も本文中にはなく，平易な言葉で書かれている。難点は，長いこと，（中古品を含め）高いこと，そして，現在は絶版となっていることである（図書館で探すことになる）。

・林田清明『法と経済学〔第 2 版〕』（信山社，2002 年）

　こちらも重版未定となっている本だが，わかりやすさ，また，上記書籍より短いものを挙げるのだとすれば，この書籍になる。著者が日本の学者であり，日本法の実例に即しているというメリットもある。ただ，法と経済学の世界では古典だがそれがために理論的には古いリチャード・ポズナーの説に即しているところが，やや難点と言えば難点である。他方でポズナーの考え方がある程度一貫してわかるという点では，良い本でもある。

・ロバート・D・クーター ＝ トーマス・S・ユーレン（太田勝造訳）『法と経済学』（商事法務研究会，1997 年）

　底本の版自体は上記 2 冊よりずっと古く（第 2 版が底本として用いられている），中古か図書館でないと入手できないが，英語の原著の方はそれ以後も版が重ねられている法と経済学の教科書を翻訳したもの。数式やグラフ等による厳密な話をある程度交えつつも，わかりやすい定番の一冊となっている。なお，英語の原著は「Cooter Ulen Law and Economics」などのワードでインターネット検索するとPDF が入手できる。

●法と経済学の応用

・田中亘編著『数字でわかる会社法〔第 2 版〕』（有斐閣，2021 年）

　会社法へ経済学を応用した書籍であり，テーマ別に解説がなされている。学生向けという点が意識されており，わかりやすい。

・三輪芳朗ほか編『会社法の経済学』（東京大学出版会，1998 年）

　こちらも会社法に経済学を応用した書籍だが，どちらかというと学者向けの高度な内容となっている。

・田中亘『企業法学の方法』（東京大学出版会，2024 年）

　タイトルに「方法」とついているように法と経済学に従った法学の方法論に関わる記述も多く基礎法的部分があるが，この書籍の実践編ではそうした方法論に従って，法と経済学の立場から種々の具体的問題の分析がされている。具体的問題で取り上げられているのは，会社法が中心であるものの，担保や財産権一般についても論じられており，民法における応用的な経済分析を知る上で参考になる。

・水元宏典『倒産法における一般実体法の規制原理』（有斐閣，2002 年）

　倒産法の経済分析の成果を応用した研究書であり，本書では正面から深くは論じなかった倒産法の機能を理解する上で参考になる。

・森田果『金融取引における情報と法』（商事法務，2009 年）

　金融と関係する分野の経済分析を基礎にして，応用的な経済分析を行っている研究書である。本書で取り上げた所有権に関する議論について，アメリカでの論争を

より詳しく取り上げてある点で，民法の理解にも資するものとなっている。

・西内康人『消費者契約の経済分析』（有斐閣，2016 年）

　若気の至りで書いた自分（西内）の本を紹介するのは気が引けるが，かといって，行動経済学による日本法の分析は他にあまりないので，という意味では取り上げざるを得ない書籍。法学の書籍というより，行動経済学の記述に多くの紙幅が割かれており，上記室岡先生の著作に数式が多くて苦手意識を持つ場合にはこちらで勉強してもよいかもしれない。また，消費者法の立法分野・政策分野では行動経済学への関心や依拠が高まっており，そういった背景を理解するのにもよいかもしれない。なお，消費者法には競争法も関係しており，競争法と経済学との関係を理解する上では川濵昇『独占禁止法の基礎理論──取引の自由から競争秩序へ』（有斐閣，2024 年）など，良い書籍がたくさんある。

事項索引

あ 行

遺失物拾得 …………………………… 91
一方的注意 …………………………… 52
インセンティブ制約 ……………… 140
エクイティ ………………………… 162
エージェンシーコスト …………… 154
エージェンシー問題 ……………… 153

か 行

外部性 ………………………………… 78
加害意図 ………………………… 7, 59
確率的因果関係 ……………………… 43
過失責任 ……………… 18, 19, 42, 49
過失責任原則 ………………………… 17
過失相殺 ……………………………… 53
過少資本 …………………………… 196
過度のリスクテイク ……………… 196
カルドア＝ヒックス基準 …… 6, 98, 116
関係特殊投資 ……… 102, 107, 114, 208
観察可能性 ………………………… 146
慣 習 ……………………… 22, 126
間接被害者 …………………………… 44
機会主義 …………………………… 137
帰結主義 ……………………………… 4
記述的意味 …………………………… 3
機能的分割 …………………………… 76
規範的意味 …………………………… 3
逆選択 …………………………… 9, 141
窮状利用 ……………………… 119, 129
強圧性 ……………………………… 209
強行法規 ……………………… 127, 150
共同不法行為 ………………………… 57
強 迫 …………………………… 117
共 有 ………………………………… 83
共有地の悲劇 ………………………… 78
虚偽表示 …………………………… 120

金銭評価 …………………………… 40
契約締結上の過失 ………………… 114
契約の解釈 ………………………… 136
契約の成立 ………………………… 113
結果回避義務 ………………………… 18
ゲーム理論 ………………………… 139
厳格責任 ……………… 18, 24, 43
顕示選好理論 ………………………… 8
高価品の特則 ……………………… 124
工作物責任 …………………………… 19
公序良俗 …………………………… 128
行動経済学 → 心理的バイアス
効率性 ………………………………… 4
合理的無関心 ……………… 131, 154
コースの定理 ………… 62, 97, 146
コミットメント ……… 102, 114, 202
コモン・オーナーシップ ………… 167

さ 行

最小費用回避者 ………… 30, 87, 88
債務不履行に基づく損害賠償 ……… 106
詐 欺 …………………………… 117
錯 誤 …………………………… 118, 142
差止請求権 …………………………… 62
差 別 …………………………… 130
参加制約 …………………………… 140
残余権者 …………………………… 162
シグナリング ……… 140, 141, 219
事後の効率性 ……………… 93, 98
資産代替 ……………………… 191, 224
事実的因果関係 ……………………… 36
事前の効率性 ……………… 94, 98
実現主義 …………………………… 190
実効性 ………………………………… 5
私的損害 ……………………… 44, 88
支払意思額 …………………………… 7
事務管理 ……………… 91, 92, 129

社会的損害 ················· 44, 88

集合行為問題 ············· 131, 155

自由譲渡性 ·········· 73, 76, 80, 130

囚人のジレンマ ············ 78, 215

主観的確率 ····················· 31

取得原価主義 ··················· 190

取得時効 ···················· 86, 92

使用者責任 ····················· 52

使用収益権 ··················· 73, 76

情報提供義務 ··················· 118

情報非対称 ······················· 9

情報費用 ················ 70, 80, 86

所有権ルール ·········· 62, 66, 109

人的分割 ························· 76

信　用 ························· 102

信頼の裏切り論 ················· 208

心理的バイアス ····· 5, 7, 9, 123, 125, 131

心裡留保 ····················· 120

スクリーニング ················· 140

清算義務 ······················· 129

製造物責任 ····················· 133

説明義務 ······················· 39

善意取得 ························· 86

選好充足 ···················· 4, 126

戦略的行動 ······················· 11

双方の注意 ····················· 52

損害の内部化 ··················· 34

損害抑止 ···················· 35, 40

た　行

チキンゲーム ··················· 67

調整問題 ························· 77

デット ························· 161

デフォルトルール ··············· 150

添　付 ····················· 86, 92

富最大化 ···················· 6, 101

取引費用 ·········· 63, 105, 121, 155

な　行

二重譲渡 ························· 87

日常生活上の危険 ················· 39

任意法規 ···················· 119, 121

は　行

賠償責任ルール ·········· 62, 66, 109

背信的悪意者 ····················· 87

パレート改善 ······· 5, 84, 98, 101, 116

ハンドの公式 ····················· 21

非競合性 ························· 11

非財産的損害 ····················· 41

一株一議決権原則 ··············· 170

非排除性 ························· 10

不完備契約 ····················· 144

物権的請求権 ················ 62, 73

物権法定主義 ················ 81, 86

不動産賃貸借 ····················· 84

不明確解釈準則 ················· 137

フリーライド ············ 11, 131, 154

プロパティ・アプローチ ········· 156

ペナルティデフォルト ······· 123, 136

法定相続分 ····················· 90

法のルーツ ····················· 166

暴利行為 ······················· 129

保　険 ············ 36, 41, 51, 139

保護範囲 ························· 38

ま　行

埋蔵物発見 ····················· 91

マジョリタリアンデフォルト ····· 121, 136

無主物先占 ·················· 86, 91

無償契約 ······················· 101

無資力 ························· 48

モニタリング ····················· 52

モニタリング・ボード ··········· 176

モラルハザード ········ 10, 140, 141

や　行

約　款 ························· 131

予見可能性 ···················· 18, 30

ら 行 ─────────●

履 行 ……………………………… 100
履行請求権 ……………………… 106

履行利益賠償 …………………………… 107
リスク回避 ……………………………… 105
立証可能性 ……………………………… 146
レモン・マーケット ……………… 131, 200

判例索引

大判昭和 4・2・20 民集 8・59 ·· 90
大判昭和 10・10・5 民集 14・1965（宇奈月温泉事件）················· 74, 95
最判昭和 30・12・26 刑集 9・14・3053 ··································· 110
最判昭和 31・4・24 民集 10・4・417 ·· 88
最判昭和 39・1・23 民集 18・1・37（毒入りあられ事件）············· 131
最判昭和 40・12・21 民集 19・9・2221 ····································· 88
最判昭和 41・11・22 民集 20・9・1901 ····································· 90
最判昭和 43・11・15 民集 22・12・2671 ··································· 88
最判昭和 48・6・7 民集 27・6・681 ··· 32
最判平成 8・1・23 民集 50・1・1 ·· 22
最判平成 8・10・29 民集 50・9・2474 ······································ 54
最判平成 8・10・29 交民 29・5・1272 ······································ 54
最判平成 11・2・23 民集 53・2・193 ·· 84
最判平成 11・3・25 裁判所ウェブサイト ································ 8, 60
最判平成 12・9・22 民集 54・7・2574 ······································ 43
最判平成 13・11・27 民集 55・6・1154 ····································· 39
最判平成 14・7・11 判時 1805・56 ·· 142
最判平成 15・11・11 民集 57・10・1466 ··································· 43
最決平成 19・8・7 民集 61・5・2215 ······································ 211
最判平成 21・1・19 民集 63・1・97 ·· 113
最判平成 22・3・2 判タ 1321・74 ··· 19
東京高判平成 25・4・17 判時 2190・96 ·································· 212
最判平成 28・1・12 民集 70・1・1 ··· 142

【有斐閣ストゥディア】

法と経済学
Law and Economics

2025 年 3 月 20 日 初版第 1 刷発行
2025 年 5 月 1 日 初版第 2 刷発行

著　者	得津晶・西内康人	
発行者	江草貞治	
発行所	株式会社有斐閣	
	〒101-0051 東京都千代田区神田神保町 2-17	
	https://www.yuhikaku.co.jp/	
装　丁	キタダデザイン	
印　刷	萩原印刷株式会社	
製　本	大口製本印刷株式会社	
装丁印刷	株式会社亨有堂印刷所	

落丁・乱丁本はお取替えいたします。定価はカバーに表示してあります。
©2025, Akira Tokutsu, Yasuhito Nishiuchi.
Printed in Japan ISBN 978-4-641-15122-2